大私塾

陈士银 著

中国思想版图的十二座高峰

慧聚中华

漓江出版社

图书在版编目(CIP)数据

慧聚中华：中国思想版图的十二座高峰 / 陈士银著. --桂林：漓江出版社，2019.3

ISBN 978-7-5407-8575-8

Ⅰ. ①慧… Ⅱ. ①陈… Ⅲ. ①古代哲学—中国 Ⅳ. ①B21

中国版本图书馆 CIP 数据核字（2018）第284129号

慧聚中华：中国思想版图的十二座高峰

HUIJU ZHONGHUA：ZHONGGUO SIXIANG BANTU DE SHIER ZUO GAOFENG

作　　者：陈士银

出 版 人：刘迪才
出 品 人：符红霞
策划编辑：符红霞
责任编辑：王成成
封面设计：7拾 3 号工作室
责任校对：赵卫平
责任监印：周　萍

出版发行：漓江出版社有限公司
社　　址：广西桂林市南环路22号
邮　　编：541002
发行电话：0773-2583322　　010-85893190
传　　真：0773-2582200　　010-85893190-814
邮购热线：0773-2583322
电子信箱：ljcbs@163.com
网　　址：http://www.Lijiangbook.com
印　　制：三河市西华印务有限公司
开　　本：880 × 1230　　1/16
印　　张：11.5
字　　数：136千字
版　　次：2019年3月第1版
印　　次：2019年3月第1次印刷
书　　号：ISBN 978-7-5407-8575-8
定　　价：48.00元

推荐序

厚积薄发，晓畅有趣

乔　健

兰州大学历史文化学院教授、副院长

接到陈士银的新书《慧聚中华：中国思想版图的十二座高峰》即将出版的消息，我并不意外。

士银自2006年进入兰州大学历史学基地班，就对历史研究表现出浓厚的兴趣，他大二时，我教授“历史文选”课程，与他有了较密切的往来。2010年，士银的本科生毕业论文被评为优秀论文，同年以优异成绩保送本校研究生。作为他的硕士生导师，本人认为他读书甚多（这一点在年轻学子中非常突出），勤于思考，研究潜力较大。此后，他到清华大学攻读历史学博士学位，毕业之后赴扬州大学社会发展学院工作。十几年来，他一直在历史学这块土壤上耕耘，专业素养扎实。

这本《慧聚中华：中国思想版图的十二座高峰》正是他厚积薄发的一个见证。

有关周公、秦始皇与先秦诸子等历史人物的研究著作不胜枚举，通俗读物更仆难数。既要有严谨的文献支撑，传递尽可能准确的历史讯息，又要兼顾读者的阅读兴趣，起到推广的作用，其间的平衡并不容易把握。过于学术化，虽然合乎当今流行的研究范式，但能否准确地呈现先秦诸子的思想境界？这恐怕是一个问题。而撇开文献支撑，各种戏说、演义虽然读起来兴趣盎然，但是涂抹了历史真相，也不是一位历史学者应有的态度。士银所著的这本书，在分寸把握上还是值得肯定的。

比如，第一章《周公：制礼作乐，天下归心》，一方面颇有文采，另一方面，我们也分明感受到他对《周礼》《礼记》《尚书》《史记》《论语》等经典非常熟悉。看起来稀松平常的叙述，文字背后其实都有扎实的文献功夫。

再比如，他写孔子这一章，并不满足于一般的思想介绍，而是把孔子放到他的时代、他本人的成长史中进行观察，突出他由贱及贵、即凡而圣的一生。在小结部分中，他提到“世界上本没有圣人，也没有神。但是，一个凡人，哪怕出身卑微，哪怕历经坎坷，只要坚持修身，只要为国为民，持之以恒，九死无悔，等到豁然贯通的那一天，他就可以成为圣人，成为永远活在国民心中的神”，这种肖像化的写法也不无借鉴意义，堪为精彩之处。

本书在行文上不乏幽默诙谐，让人觉得这些挺立起中国思想高峰的大人物都是活泼泼的，都是有血有肉的。他们虽然都谢世两千多年了，但时至今日，他们的思想依然浸润在我们的文明基因之中。相信读者朋友们，能够通过阅读这些专业且有趣的文字，领略我们东方先贤的风采。

2018 年 12 月

写于兰州大学衡山堂

自序

我们仰望星空，总会慨叹自身的渺小，总会不由自主地思索生命的意义。如果我们把生命定义为从呱呱坠地到进入坟墓的这一过程，我们难免会对生、老、病、死等问题产生近乎本能的恐惧与忧虑。如果我们把生命拉长为从世人知悉到永远忘记的阶段，那么，一切仿佛变得有意思起来。中国历史上有那么多杰出的灵魂如此鲜活，从未淡出国人的视野。

周公制礼作乐之后，周王朝维系了将近四百年。等到丢了首都镐京，平王东迁洛邑，周王朝随之跌入了多灾多难的东周时期。特别是春秋末期到秦始皇统一天下之前，公元前六世纪到公元前三世纪这三百年也许是中国历史上最为混乱的时期之一。那个时代礼崩乐坏，上层统治者尔虞我诈，下层百姓经常被裹挟到残酷的战争当中。用孟子的话来说："争地以战，杀人盈野；争城以战，杀人盈城，此所谓率土地而食人肉，罪不容于死。"（《孟子·离娄上》）如此大规模、长时段的争战，如此肆无忌惮地草菅人命，这几百年里的中国几乎成了人间地狱！令人惊讶的是，也正是在这几百年之中，中国思想版图的一座座高峰拔地而起，耸天而立，每一位思想家的大名都震烁古今：孔子、孟子、荀子、老子、庄子、管子、墨子、公孙龙子、孙子、韩非子等。

这些思想界的巨子是如何从混乱的时代中脱颖而出的，又是如何塑造并影响中华文明的，时至今日，我们还能从中学到什么……诸如此类的问题，莫不萦绕在脑海之中。当然，回答这些问题的艰巨任务显然不是一两本书就能胜任的。这部小书只是一次尝试，尝试从浩瀚且枯燥的历史文献中寻找出他们的成长线索，结合历史语境，发掘出他们思想中最夺人耳目的地方。为了方便读者了解相关人物的思想特征，每一章后面都专门进行了小结。同时，也推荐了若干阅读篇目和阅读书籍供学有余力的读者朋友作为参考。

最后，本书的出版得益于张海彤老师的热情推荐，和漓江出版社赵卫平、王成成等编辑老师的辛苦付出，在此一并致谢！需要特别感激的是，敝人硕士生导师乔健教授素以先秦诸子研究见长，能于百忙之中赐写序文，令晚辈十分动容。

2019 年 1 月

于扬州大学历史系

目录

周公：
制礼作乐，天下归心

周公与周朝的开创
制礼作乐
摄政，还是篡位？

榜样的力量是无穷的！我们每个人在不同的成长阶段，尤其是青少年时期，很容易找到自己的偶像。孔子作为中国传统文化的集大成者，也不能例外。他也有自己崇拜的偶像，虽然偶像比他年岁大了一些（也就五百多岁）。可以说，如果没有这个偶像，就不可能造就孔子这么一位举世闻名的圣人。他的魅力极大，一度令孔子神魂颠倒，乃至矢志不渝，无怨无悔。这位令孔子心甘情愿成为铁杆粉丝的偶像不是别人，正是周公。

周公与周朝的开创

周公封地在周，姓姬，名旦，人称周公旦，而非姬旦，陕西扶风人，具体生卒年待考，距今大约有三千多年。周公是显赫的官二代出身，父亲是周文王姬昌，哥哥是周武王姬发。周文王是后来追封的，其实姬昌在世时只是积极投身于反抗商纣王的革命事业中，当时人称西伯，位列伯爵而已。西伯虽然已经夺得天下大部分领土，却还是恪守臣职，并未称王。这也就是《论语》中所说的："三分天下有其二，以服事殷。"太子姬发继承父命，最终大会诸侯，发动牧野之战，攻灭了商朝，正式称王，并建立了周朝。周朝享国八百年，也是中国历史上享国时间最长的朝代。

可以说，在姬昌、姬发父子革命的过程中，周公一直扮演着次要的辅佐角色。然而，就在武王克殷的第二年，天不假年，武王因病去世。武王的儿子姬诵还小，史称："成王少，在襁褓之中。"于是乎，管理周朝的大任便责无旁贷地落到了周公身上。周公旦也由此成为第一号男主，开始着手料理新王朝的军政大事。

周朝刚刚建立，内忧外患，风雨飘摇，随时面临被推翻的危险。周公既要着手修复因连年战争造成的民生凋敝，也要时刻提防各种反叛力量。果不其然，就在周公掌权后不久，周王室内部的管叔和蔡叔，就伙同商纣王之子武庚以及淮夷等地区小国，在东方发动叛乱。叛乱声势浩大，极有可能埋葬新生的政权。几位发动叛乱的原因冠冕堂皇，说是周公居心叵测，要取成王而代之。当然，欲加之罪，何患无辞？他们叛乱的真实动机，一言以蔽之，就是："为什么当王的不是俺？"

周公旋即领兵东征，马不停蹄，经过一番血雨腥风，很快平定了叛乱，将管叔、蔡叔、武庚等人诛杀的诛杀，流放的流放，剿除了这些反叛势力。此时，周公面临一个严峻的问题——当初，周武王伐纣之后，本着"存亡继绝"的态度，并未斩草除根，而是留下了商纣王之子武庚，让他继续管理商朝旧都，也就是今天河南安阳这块地方。同时，也下令管叔、蔡叔、霍叔等建立封国，戍守附近，作为监视，是为"三监"。可是，这种宽大的行为不但没有让商朝遗民安分守己，反而助长了武庚与管叔、蔡叔等人勾结叛乱——平定"三监"叛乱之后，周公是应该彻底瓦解商朝分裂势力，将其满门抄斩，一个不留，还是应该网开一面，继续保留殷人的祭祀而不使之中绝？

经过一番考虑，尽管有反叛在先，周公还是决定对殷遗民宽大为怀。同时，将同姓的康叔分封于卫，商纣王的哥哥微子启分封于宋，"以奉殷祀"。这也是卫国和宋国的由来。由于周公的宽大处理，诸侯开始感佩，更愿意臣服周朝。武力征讨并不是清除叛乱、维护稳定的长久之计，恩威并用，以德服人，更容易收到成效。在平定"三监"叛乱的过程中，周公杰出的政治家心胸也得到了充分体现。

为了加强对新征服地区的统治，尤其是对东方的管控，周公建立了分封制度，陆续分封诸侯。在其所立的七十一国之中，姬姓诸侯就占到了五十三人。这种分封制度，尤其是分封同姓诸侯管理国家，一直影响着中国古代的政治体制。直到秦始皇大规模推行郡县制之后，在汉初、晋朝等历史时期，分封制度依然屡屡抬头。

此外，除了都城镐京（今陕西西安附近）之外，周公还特意下令营建了洛邑（今河南洛阳），作为东都，强化对东部地区的管理。在此后的两千年历史中，特别是在宋朝之前，朝代虽然更迭，经汉涉晋，由隋及唐，西安和洛阳这两座都市都几乎一直作为各朝首都，成为中国的心脏所在。由此可知，周人的都城选址何其睿智前瞻。

制礼作乐

中国古代，上溯夏商，下迄明清，改朝换代，不下数十，唯独周朝享国最久，长达八百年。原因何在？除了分封制和武力维系之外，恐怕当与周公制定的礼乐系统息息相关。

中国号称“礼仪之邦”，谈到“礼”，就不能不提制礼作乐的大 BOSS 周公。不过，周公制定的礼和我们今天日常生活的礼仪规范概念并不相同。礼首先是一套经邦治国的大法。这套法则之中，尤为重要的是宗法制。

“兄终弟及”到“嫡长子继承”

对一个国家来说，平定天下之后，王位继承的问题便成了迫切而棘手的难题，继承人无法确定，势必引发天下大乱。殷人主要采取的是“兄终弟及”的制度，即兄弟之间继承王位，如果兄弟不存，再让儿子继承。周人一反殷制，采取的是“嫡长子继承”的制度。这套制度的弊端显而易见，嫡长子如果是个幼童，乃至残废，甚或荒淫，则危害匪浅。但是比起弊端而言，它的优点昭然可见：超级稳定！兄弟可能有很多，但是注意：嫡长子只有一个。举例而言，正如商鞅在《商君书》中所说：“一兔走，百人逐之，非以兔为可分以为百，由名分之未定也。”假如王位继承人不确定，就像无主的兔子一样，人人得而逐之，你争我抢，肯定引发无限冲突；反之，王位确定由嫡长子继承，那么人心自然要稳定许多。至于嫡长子的年幼以及昏庸等问题，则可以通过摄政以及选择良师教育等手段予以解决。由此，周公等人确定的嫡长子继承制也成为中国古代社会最重要的皇位继承制度。

《周礼》中的“理想国”

公元前四世纪，西方哲人柏拉图撰有《理想国》一书。书中以苏格拉底之口，通过对话的方式，探讨理想的国家究竟该如何缔造等问题。东方也有一本类似的《理想国》，那就是《周礼》。《周礼》又名《周官》，相传为周公所作，乃“周公致太平之书”。与《理想国》的对话辩论不同，《周礼》绕开了讨论环节，不是告诉你理想的国家该如何缔造，而是告诉你理想的国家就该这么缔造。没有满篇的对话交锋，代之以务实的实践操作。此书只有六篇，效法天地四时，分为《天官冢宰》《地官司徒》《春官宗伯》《夏官司马》《秋官司寇》《冬官司空》。其中，《冬官司空》一篇在流传过程中亡佚了，后人就用《考工记》加以补足。

是书六篇，每一篇的开头都是二十个字：“惟王建国，辨方正位，体国经野，设官分职，以为民极。”按照作者的意思，治国规模全部囊括在这二十字真言之中了。天子设立六官，分别董理治典、教典、礼典、政典、刑典、事典，每一官下面又有属官若干，涉及事务林林总总，用以治理邦国。按照作者原来的规划，天子领六官，其中天官冢宰类似后世的宰相，六官下面又各领官六十。六六三十六，靠着这三百六十名主要官员，天子便能治理好天下。

现在看来，《周官》一书体大思精，过于完密，成书于周公的可能性微乎其微。具体成书者当另有他人，至于花落谁家，学界也莫衷一是。不过，此书对后世影响极大，比如六官分职就成了唐代六部（吏部、户部、礼部、兵部、刑部、工部）的前身，而六部之制，至明清依然发挥效用。即便周公不曾著有《周礼》，但是对周代的礼制建设无疑也下了一番大功夫。由于具体的周代礼制罕见于史籍，所以学者也只能借助《周礼》一书来管窥周公制礼作乐的规模。

《周礼》下的行政规划及其礼制融合

依照《周礼》，彼时的行政区划分为乡遂制度，与今日的省、市、县、乡、村截然不同。天下直辖六乡（类似今天的直辖市），管辖范围从京畿（jī）到远郊。《周礼》载“五家为比，使之相保；五比为闾（lǘ），使之相受；四闾为族，使之相葬；五族为党，使之相救；五党为州，使之相赒（zhōu，周济）；五州为乡，使之相宾”，分别由比长、闾胥、族师、党正、州长、乡大夫管理。远郊之外，则为遂，较之乡州之制，更为自主、自治。除了天子直辖的上述“乡遂”之外，其他领土的行政设置另有安排，《周礼》载“五家为邻，五邻为里，四里为酂（zàn），五酂为鄙，五鄙为县，五县为遂”，分别由邻长、里宰、酂长、鄙师、县正、遂大夫管理。这些区域由天子和诸侯划片管辖。当时兵役主要涉及乡州这些类似今天城区的地方，而遂县之类的乡下百姓则没有资格当兵（主要是负担不起装备），只能承担军夫之类的角色。仅以乡制计算，一乡包含 12500 家。以一家五口人来算，一乡为 62500 人。天子直辖的六乡人口则为 375000 人。非常战备时期，天子直辖的兵力，以一家出一人计算，可达 75000 人。在三千年前，这绝对是一个超级近卫军团。

除了日常的政令、军事之外，乡遂制度还突出了地方长官的礼职功能，比如乡射礼、乡饮酒礼、冠礼、婚礼、丧礼、祭礼等。举例言之，乡大夫“退而以乡射之礼五物询众庶，一曰和，二曰容，三曰主皮，四曰和容，五曰兴舞。此谓使民兴贤，出使长之；使民兴能，入使治之”，州长“春秋以礼会民而射于州序”。根据《仪礼・乡射礼》的记载，就连射箭这种活动都要随着音乐的鼓点从容进行。不仅要射中靶心，还要符合礼仪规范；不仅要符合礼仪规范，还须与音乐合拍。只有这种文武兼备的真正有德之士才会被推荐给中央，辅佐君主参与治理国家。

周代的地方官员不仅要处理好一般政务，还要兼顾寻常百姓的祭祀、丧礼、冠礼、婚礼、饮酒礼等。这种制度，通过各种礼仪搭建起了中央政府、地方官员与寻常百姓之间的桥梁。政府官员和平民百姓的互动内容，除了下令与执行、收税与缴税，还有一层额外的礼仪观照充盈其中。

换言之，周代的礼制贯穿在各级单位之中，通过官吏层层引导，官民一道，四时行礼，反复实践，进而构筑起周王朝独特的礼制体系。这种礼制可以发挥兴贤举能、序正齿位的作用，也对提高民众的文化认同、增强国家的向心力大有裨益。

周公推崇的教育体系

在周公的礼乐系统中，教育占据十分显赫的地位。在《周礼》《礼记》等书中，我们看到，周代的教育系统已经十分发达。如师氏一官首重教授德行，视之为做人的根本，比如孝敬父母，尊敬师长，推崇贤能等；保氏一官则次教技艺，以为待人接物的基础，既要学习礼、乐、射、御、书、数六艺技能，还要懂得参与祭祀、接待宾客、上朝议事、参加丧礼、行军打仗、驾车备马等基本礼仪。

《礼记·内则》则详细交代了不同年龄阶段的学习准则。

6 岁的时候，就要掌握算术知识，并学会辨别事物的名称。

7 岁时，就要懂得男女之别，不能再同案吃饭、同席睡眠。

8 岁，就要掌握基本的饮食起居礼仪，敬重尊长。

9 岁，便要学习天文、历法、地理等方面的基础知识。

10 岁的时候，家庭教育告一段落，孩子要寄宿别处，专心学习六艺等知识；还规定，在外学习的时候，一律不准穿帛制的好衣服，避免引发奢侈攀比之心；早晚都要学习知识，同时也要落实礼仪。

13 岁的时候，就要学习音乐，背诵《诗经》。

15 岁的时候就是成童了，开始学习武舞以及强化射御之道，以便成年后可以保家卫国。

20 岁的时候，正式举行成人礼。成人之后，便进入了大学的学习阶段。这个时候已经成为翩翩君子，出入正式场合可以穿裘帛制作的精美衣服，还要学习《大夏》等高雅复杂的乐舞。由于已经成年，更要笃行孝悌之道。虽然经过了十几年的学习，还是要虚心求教他人。

等到 30 岁的时候，可以娶妻成家，虽然有了志向，依然要谦虚谨慎。

40 岁到了壮年，可以做官从政；50 岁成了大夫，可以参与军国政要。从 40 岁起将人生含金量最高的三十年奉献给国家之后，到了 70 岁便退休，享受国家优待。

按照周礼的教育标准，一个人先后经历了九年的家庭教育（1~9 岁），十年的中学教育（10~19 岁），十年的大学教育（20~29 岁），十年的社会教育（30～39 岁），有了之前四十年的教育积淀，才开始长达三十年的参政议政生涯（40～69 岁），70 岁之后方才荣退。30 岁结婚，相当于今天的博士毕业。孩子 10 岁之后，他在孝敬父母、友爱兄弟、照顾妻子、关爱儿女、团结朋友等方面游刃有余，再加上三十年的学习积累，这个人早就在礼仪、技能等各方面十分娴熟，成家后懂得如何为人夫、为人父。所以 40 岁出来做官，当然也能得心应手。

冕服之制，造就衣冠上国

在周礼系统中，极具特色的当推冕服制度了。针对不同的场合，天子要穿着不同的冕服，比如：祭祀昊天上帝，要服大裘冕；祭祀先王要服衮冕；行射礼，则服鷩（bì）冕；祭祀高山大川，要服毳（cuì）冕；祭祀社稷、五祀，服希（chī，同“絺”）冕；其他低一等的小型祭祀，服玄冕，等等。这

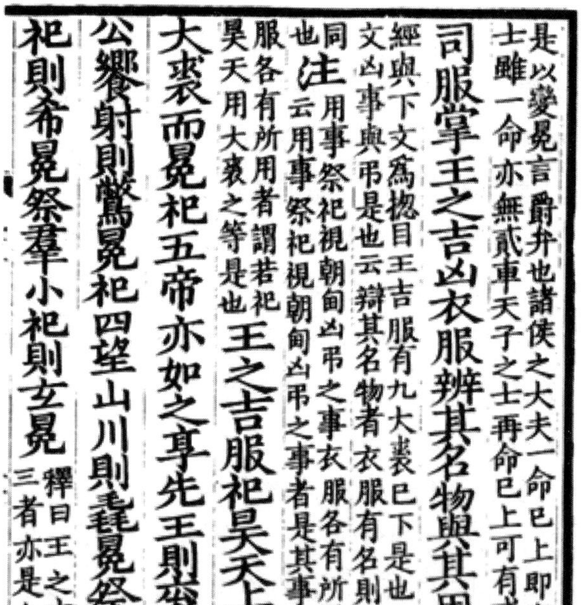
是以變冕言爵并也諸侯之大夫一命已上即有貳車
士雖一命亦無貳車天子之士再命已上可有貳車也
司服掌王之吉凶衣服辨其名物與其用事 釋曰此一
經與下文爲揔目王吉服有九大裘已下是也凶服即下
文凶事與弔是也云辯其名物者衣服有名則物色有異
同也注用事祭祀視朝甸凶弔之事衣服各有所用 釋曰
云用事祭祀視朝甸凶弔之事者是其事各異云衣
服各有所用者謂若祀昊天用大裘之等是也王之吉服祀昊天上帝則服
大裘而冕祀五帝亦如之享先王則衮冕享先
公饗射則鷩冕祀四望山川則毳冕祭社稷五
祀則希冕祭羣小祀則玄冕 釋曰王之吉服并下三者亦是令尊其祭

《周礼·春官·司服》书影（董康诵芬室影宋刻本）

六种冕服主要是应对隆重的祭祀场合，常服则为其他场合。常服极多，举其荦（luò）荦大者，就有十几种：行军打仗，要穿韦弁（biàn）服；上朝，穿皮弁服；打猎，穿冠弁服；凶丧，服弁服；吊唁，则服弁绖（dié）服，等等。每年天子的冕服就有数十种之多，每一种上面又绘有日、月、星辰、山、龙、藻、火等不同的纹饰。“衣冠上国”的周朝形象通过冕服制度表现得淋漓尽致，一个由华服美冠烘托出的高颜值时代也正式来临了。

乐舞煌煌，成就礼仪之邦

周朝也建立了一套非常丰富甚至繁杂的音乐、舞蹈体系。大司乐主要掌管祭祀天地、宗庙的隆重乐典、舞典。冬至在京城南郊的圜（yuán）丘祭天，有专用的音调，采用改编自黄帝时期的《云门》之舞。夏至在京城北郊的方丘祭地，也有专用的音调，用的也是改编自黄帝时期的《咸池》之舞。至于宗庙祭祀用乐，礼降一等，用的是改编自大舜时期的《大韶》之舞。演奏音乐已经自成体系，天子出入要奏《王夏》进行曲，代表鬼神的人出入要奏《肆夏》进行曲，开始抬上祭祀的牲俎要奏《昭夏》进行曲。天子开始射箭的时候奏《驺虞》伴射，诸侯、大夫和士射箭的时候分别奏《狸首》《采蘋》《采蘩》等音乐。音乐等级规格如此严密，更能彰显出周代的音乐已经发展到相当完备的水准。

在音律上，周朝礼乐最著名的即为五声、八音、十二律。五声即宫、商、角、徵（zhǐ）、羽，大概相当于今天的1（哆）、2（来）、3（咪）、5（嗦）、6（啦）五个音阶。五声之外又存在变声，也就是变徵、变宫等，分别相当于今天的#4、7等。有趣的是，中国人至今还是偏爱五声，我们熟知的《茉莉花》《国歌》等几乎没有什么变声，依然以1、2、3、5、6为主。八音即乐器制作的八种基本材质，指金（钟、镈[bó]、铙[náo]）、石（磬）、土（埙[xūn]、缶）、革（鼗[táo]、雷鼓）、丝（琴、瑟）、木（柷[zhù]、敔[yǔ]）、匏（páo）（笙、竽）、竹（箫、篪[chí]）。

像土、石、竹、木这些生活中的寻常材料，在中国先哲那里居然化腐朽为神奇，摇身一变成了埙、磬、箫、柷等优美的乐器，古代先哲的智慧令人叹服。无律不成曲，周人又发明了复杂的阴阳十二律，完全可以和今天的十二平均律媲美。十二律分为阴阳二声，阴声有大吕、应钟、南吕、林钟、中吕、夹钟，阳声有黄钟、太蔟、姑冼、蕤（ruí）宾、夷则、无射（yì）。

十二律律名	黄钟	大吕	太簇	夹钟	姑冼	仲吕	蕤宾	林钟	夷则	南吕	无射	应钟	清黄钟
相当今日音名	f^1	$\#f^1$	g^1	$\#g^1$	a^1	$\#a^1$	b^1	c^2	$\#c^2$	d^2	$\#d^2$	e^2	f^2
五声音阶	宫		商		角			徵		羽			清宫
七声音阶	宫		商		角		变徵	徵		羽		变宫	清宫

五音十二律与今天的十二平均律
（缪天瑞:《律学》，北京：人民音乐出版社，1996 年，第 98 页）

乐官方面，专门掌管音乐的就有大司乐、乐师、大胥、小胥、大师、瞽（gǔ）蒙、视瞭、典同、磬师、钟师、笙师、镈师、韎（mèi）师、旄（máo）人、籥（yuè）师、籥章、鞮（dī）鞻（lóu）氏（掌四夷音乐）、典庸器、司干等十几种。乐舞上，仅乐师一职，“掌国学之政，以教国子小舞。凡舞，有帗（fú）舞，有羽舞，有皇舞，有旄舞，有干舞，有人舞”。仅小舞就有六种之多，其他的更是不胜枚举。

这些音乐规制在今天的我们看来已经显得有些繁缛，难以卒读，然而这还只是彼时的冰山一角。在当时，建立这么一套规模宏大的礼乐体系，如果不是呕心沥血，锐意制作，根本不可能制作出来。

总之，我们不难想见，从最高层的嫡长子继承制，到通贯全国的乡遂制度，发达的教育制度，再到精致优美的冕服制度，上下颁行的乐制乐舞，继而具体到冠、婚、丧、祭、燕、射、朝、聘等各种礼仪，近乎方方面面，周朝的礼乐系统实在让人叹为观止！周公虽然未必完成制作于周公当时，但是立下了规模，而为后世效法。有了这套礼乐系统，周朝便与之前过于朴质的夏朝和过度信鬼的商朝划清了界限，上升到一种全新的文明高度。怪不得孔老夫子会说：“周监于二代，郁郁乎文哉！吾从周！”

摄政，还是篡位?

唐朝大诗人白居易在《放言》（其三）诗中写道：

赠君一法决狐疑，不用钻龟与祝蓍。
试玉要烧三日满，辨材须待七年期。
周公恐惧流言日，王莽谦恭未篡时。
向使当初身便死，一生真伪复谁知。

周公作为周王朝的重要奠基人，制礼作乐，功盖当时，泽及后世。可是，为何白居易偏说“周公恐惧流言日”呢？周公还有什么可恐惧的？所谓人言可畏，周公当然也有恐惧，他恐惧的是大家对他“篡位”的捏造之言。要知道，“三监”叛乱的一个由头，就是咬定成王幼弱，周公旦借摄政之名，行篡逆之实，自己想要登基称王。这口黑锅大得没边了，就是周公也背不起。

问题是，除了叛乱者之外，周王室内部有没有人听信周公想要篡位的谣言？答案是大有人在。其中，最要命的就是周公旦的侄子周成王本人也开始信以为真，认为叔父要谋害自己。

对此，《尚书・金縢》篇还专门记载了此事。金縢指的是用金黄色绳子系起来的匣子，里面藏有一封密札。密札的内容记载了当年周武王病危的时候，周公祷告于神，想要以身代死，“予仁若考能，多材多艺，能事鬼神”。只是事出隐秘，周公不曾示人，而将此金縢之匣藏匿了起来。后来，人告周公谋反，周公想要澄清自己。其时，成王年少，“王亦未敢诮公”。诮就是指责的意思。“王亦未敢诮公”区区六字，充分说明了成王对周公已经心生芥蒂，只是周公军权在握，成王未敢发难而已。此后（一说周公死后），发生天变，“雷电以风，禾尽偃，大木斯拔，邦人大恐”。这时，成王和别人方才偶然打开了金縢之匣，发现了周公当年愿以身代死的密札，并由此幡然醒悟，原来周公根本不可能造反。另外，根据近年出土的清华简《系年》一篇的记载，也提到武王死后，“三监”叛乱，并未涉及周公篡逆之事。《系年》成书年代在战国时期，又是楚国史料，没必要为周公隐讳。如果周公真有谋反，楚史应该有记载。反之，周公谋逆之事则属污蔑，不过是“三监”叛乱的借口罢了，不可信以为真。

到了西汉末年，王莽想要篡汉自立。于是，王莽的国师刘歆等人便大言周公曾经就由摄政的身份做了天子，为王莽取代汉朝建立新朝制造理论依据。舍此之外，将周公当成实际即位的天子也大有人在。《礼记·明堂位》言：“天子负斧依，南乡而立。”郑玄注：“天子，周公也。”孔颖达疏：“以周公朝诸侯，居天子位，故云‘天子，周公’也。”这些看法过于大胆。一般认为，周公是制礼作乐的圣人，怎么可能做出如此大逆不道的事情？所以，后世就有人认为，许多典籍都经过了刘歆的伪造，早就不是本来的面貌。康有为就写了专书《新学伪经考》，极力说明刘歆伪造经典。而后，钱穆针锋相对写了《刘向歆父子年谱》，力证刘向、刘歆父子二人不可能遍伪群经。可惜，等到钱穆在1930年发表这部大作之时，康有为早几年（1927）已经在青岛病逝了。当然，也有可能，钱先生正是要等到康有为去世才写就此书吧。此是后话。

现在看来，周公并没有篡位的可能。在成王长大后，周公致政成王，自己退居二线。同时，周公还特意叮嘱新即位的成王不要好逸恶劳，要多体会稼穑如何艰难、先王创业如何不易。周公的这些叮嘱被收录在《尚书·无逸》一篇之中，也成为后世君主代代相传用以教诲儿孙的宝贵资源。事实上，在周公死后，成王并没有辜负周公的期望。在文王、武王、周公等人的基础上，成王及其后继者康王父子二人前赴后继，励精图治，终于迎来了周朝的第一个盛世“成康之治”，史载：“成康之际，天下安宁，刑措四十余年不用。”

值得一提的是，周公的封地在鲁国，只是周朝草创之初，他日理万机，根本没法抽出身来到鲁国就职，所以只好派遣自己的儿子伯禽代劳。至于治国经验，周公特地传授给伯禽，说自己能有今天，是因为“然我一沐三捉发，一饭三吐哺，起以待士，犹恐失天下之贤人。子之鲁，慎无以国骄人”。意思是：我哪怕正在洗头发，听到贤人来临，都要一边用手捉住头发，一边赶忙接待；我哪怕正在吃饭，口里的食物都来不及咽下去，都要马上吐出来，连忙去接待贤人。即便这样，还是唯恐失去贤人。你到了鲁国，千万不要沾染官三代的习气，一定要谨慎治理鲁国，千万不要骄傲！

正是由于周公的高风亮节以及对周王室的鼎力拥戴，所以才赢得了天下人的颙（yóng）仰。就在当时，周成王就下诏特许鲁国可以用天子礼乐，比如八佾（yì，古代乐舞的行列）舞之类，借以彰显周公的功德。

小 结

综观周公的一生，他前期辅佐文王、武王赢得了天下，入则勤勤恳恳，出则殚精竭虑。在武王死后，国危主弱，他力挽狂澜，平定了“三监”叛乱，巩固了周王朝的统治。尤为可贵的是，他在极短的时间内，制定了一整套礼乐系统，将中国文明推向了一个前所未有的高度。在完成摄政的使命之后，他又功成身退，还政成王，成为历来国家公仆的至高典范！周公一生的功绩被《尚书大传》概括为：“周公摄政，一年救乱，二年克殷，三年践奄，四年建侯卫，五年营成周，六年制礼乐，七年致政成王。”我们新中国的缔造者之一周恩来总理，因其勤勉的一生以及对共和国的无私奉献，也博得了“周公”的美誉。

汉初大思想家贾谊这样评价周公：“文王有大德而功未就，武王有大功而治未成，周公集大德大功大治于一身。 孔子之前，黄帝之后，于中国有大关系者，周公一人而已！”这段话很像“感动中国”的颁奖词，此处应有掌声。

就连一世奸雄的曹操也对周公仰慕不已，他在《短歌行》中感叹道：“山不厌高，海不厌深。周公吐哺，天下归心。”得天下易，得人心难！只有至诚的心意，才能赢得贤人的效忠，才能获得世人的真心拥戴吧。

当然，从来伟人闲闻多，周公也不例外。许多书都传说是周公所作。除了上文提到的《周礼》之外，还有列为儒家十三经之一的《尔雅》。其中，在江湖上流传最广、名头最大的还属《周公解梦》了。当然，这和周公并没有半毛钱的关系。

推荐阅读

阅读篇目:

《尚书·金縢》《尚书·无逸》《诗经·大雅·文王》《史记·周本纪》《史记·鲁周公世家》《礼记·明堂位》等。

阅读书籍:

1. 杨天宇:《周礼译注》，上海：上海古籍出版社，2004年。

2. 彭林:《〈周礼〉主体思想与成书年代研究》，北京：中国人民大学出版社，2009年。

3. 王梦欧:《礼记今注今译》，台北：台湾商务印书馆，2009年。

4.《中国经学史基本丛书·尚书大传》，朱维铮主编，上海：上海书店出版社，2012年。

5. 康有为:《新学伪经考》，桂林：广西师范大学出版社，2016年。

6. 钱穆:《刘向歆父子年谱》《两汉经学今古文平议》，北京：九州出版社，2011年。

7. 柏拉图:《理想国》，刘国伟译，北京：中华书局，2016年。

孔子：由贱及贵，即凡而圣

悲惨的少年

好学不倦的青年

蓄势、仕鲁与周游列国

孔子与礼治

孔子与六经

作为凡人的圣人

一个国家、一个民族之所以能屹立于世界民族之林并赢得广泛尊重，除了政治、经济、军事等实力之外，必定还与其独特与卓越的文明体系有关。在博大精深的中华文明之中，如果一定要推举一位人物作为代表，我想绝大多数人都会毫不犹豫地想到孔子。

滴水穿石，非一日之功。我们的国家有着悠悠五千年的文明史，其实在孔子之前，已经有了两千五百多年的文化积淀。举其大者，即有大尧、大舜、大禹、商汤、周文王、周武王、周公、周成王等。他们每个人都对缔造中华文明作出了不可磨灭的贡献，他们的故事与传说也被后人无数次讲述与传扬。但是，只有到了孔子那里，中华文明才开始走向巅峰。孔子既是中华文明之前两千五百年的集大成者，也是中华文明此后两千五百年的奠基人。

然而，孔子既不是宗教领袖，更不是神。他用开创的儒学雄辩地告诉我们，即便没有宗教，不必通过各种神启，我们也能管理好自己的人生，治理好自己的邦国。今天，我们要讲述的就是孔子由贱及贵、即凡而圣的一生。

悲惨的少年

孔子（前 551—前 479），名丘，字仲尼，鲁国人。其祖上是宋国王室，但到了孔子的父亲那一代，家道就完全没落了。鲁迅先生曾经在《〈呐喊〉自序》中说过：“有谁从小康人家而坠入困顿的么，我以为在这途路中，大概可以看见世人的真面目。”孔子比鲁迅先生要惨多了，至少鲁迅先生还经历过小康家庭的光景，孔子却从小就过着十分悲惨的生活。

孔子的父亲叔梁纥娶了一个妻子施氏，却连续生了九个女儿。叔梁纥有一房小妾，生了个男孩，名叫孟皮。不幸的是，孟皮偏偏又是个跛子，比没有儿子强不到哪儿去。后来，叔梁纥都六十多岁了，才娶了颜徵在，也就是孔子的母亲。那时，颜徵在还不到二十岁。

至于孔子的出生，实在太过平常。要知道，迄今为止，世界上大多数人都是宗教徒，唯独在中国，大多数人都不信教。之所以如此，是因为我们自古就如此！中国的圣人孔子不需要一些神迹显灵，照样不妨碍他成为中国的圣人。耶稣出生的时候几乎自带光环，圣母玛利亚以童女之身生下了耶稣，耶稣是上帝之子。释迦牟尼诞生的时候更是霸气逼人，据说他生下来向四方行走七步，然后说了一句："天上天下，唯我独尊！"相比之下，孔子的出生再平凡不过了。由于是父母在尼丘山祈祷才生下了孔子，所以孔子名丘，字仲尼。同时，鉴于孔子是在阳历九月二十八日那天生的，因此现在还有不少国家和地区把九月二十八日作为教师节来庆祝。

孔子生下来没两三年，爹爹就死去了。可以说，小孔丘严重缺失父爱。即便打架，也没人保护。不难想象，对于很早就没有爸爸关爱的小孔丘来说，他童年时没少受欺负。人穷志短，似乎也没有什么亲戚接济，可怜这对孤儿寡母就这么相依为命。颜徵在白天种田，晚上织布，艰难度日。她一心想把小孔丘拉扯成人，给他讨房媳妇成家立业，这样就无愧孔丘他爸的在天之灵了。小孔丘自然感念母恩，也盼着自己快点长大，以后奉养母亲，让她享享清福。可是，连年的劳累加上严重的营养不良，就在孔子十七岁那年（甚至可能还要早一些），颜徵在便撒手人寰了。

少年不哭！实际上，艰难的生活也没有给孔丘留下多少哭泣悲伤的时间。十七岁，本来是一个浪漫的青春季节。现在的十七岁高中生一边读书，一边憧憬着读大学以及成人的美好未来。然而，对孔丘同学来说，十七岁那年，一切幸福似乎都将他彻底抛弃了。谁能想到，正是这个命运坎坷的稚嫩少年，将彻底影响此后中国两千五百年的历史走向，他的名字会永远被世人铭记！

好学不倦的青年

悲惨的身世不但没有成为孔丘自暴自弃的诱因，反而激励他在逆境中不断奋进。他曾说过："吾十有五而志于学，三十而立。"我们不禁要问：孔丘都学些什么，又是如何学习的？

根据《史记》记载，原来孔丘小的时候就喜欢"陈俎豆，设礼容"，对摆弄这些礼器十分感兴趣。到了年龄渐长，几乎无所不学。他自己也说过："吾少也贱，故多能鄙事。"他到底从事过哪些卑微的行业呢？孟子说，孔子曾经做过委吏、乘田。委吏类似今天的仓库管理员，乘田就是放牛放羊的。看来，孔子人生的起步平台确实比较低，但他也从中学习到了最基层的行政管理经验。

此后，孔子追随的老师渐渐多了起来。韩愈在《师说》中提到："圣人无常师。孔子师郯子、苌弘、师襄、老聃。"孔子曾经到郯国跟着郯子学习过一段时间，史书就专门记载了孔子向郯子学习古代官职的事情。苌弘身份尊贵一些，是周朝的大夫。孔子到周朝首都洛阳参观的时候，特意向他学习古代乐典的知识。师襄是鲁国的乐师，也是孔子的音乐老师，孔子的《文王操》就是从他那里学来的。老聃就是老子，据说孔子东游洛阳的时候，专程向他请教礼学。"加我数年，五十以学《易》，可以无大过矣"，无人求教，他就做自己的老师，孜孜不倦钻研《易经》。从最底层的放牛放马、管理仓库的经验，到国家职官建设，再学礼、学乐，最后到艰涩精深的《易经》哲理，孔子几乎是无所不学。

上到天文，下到地理，无论是常见的知识，还是上古的秘闻，孔子的博学已经举世皆知，蜚声遐迩。季桓子家挖井挖到了土缶，去请教孔子。孔子解答说："这是土怪坟羊。"吴王夫差攻下了越国首都会稽，得到了有一辆车那么长的骨头，派人去请孔子解惑。孔子说："那是在一千五百年前，大禹大会诸侯于会稽山，防风氏这个部落酋长迟到了，大禹将其杀死。防风氏的骨头才有一辆车那么长。”陈国有一只隼中箭而亡，箭却很奇怪，没人认得，陈国国君就派人请教孔子。孔子认了出来，说：“这是上古肃慎氏用的箭。那是在五百年前，武王克商的时候，肃慎氏还专门来朝见过。”鲁哀公打猎，获得怪兽，认为是不祥之物。孔子认出来，说：“这正是麒麟啊！”一个人要有多大的脑容量、多强的记忆力、多彪悍的学习能力，才能掌握如此浩瀚的知识！后来孔子的追随者们，许多人把“一物不知，以为深耻”“一事不知，儒者之耻”作为座右铭。

正是由于孔子的以身作则，所以儒家称得上是中国古代求知欲与自学能力最强的。大家翻开《论语》，里面多次提到孔子好学的姿态。比如“学如不及，犹恐失之”，学习就好像怕赶不上似的，犹恐失去了什么；“十室之邑，必有忠信如丘者焉，不如丘之好学也”，哪怕十个人的小村落也许都有忠厚老实的人，但是找不到像我这么好学的了；“其为人也，发愤忘食，乐以忘忧，不知老之将至”，我这个人学习发愤起来，经常忘记吃饭，会因为学习的快乐忘记忧愁，不知道老年即将来临。

在不断学习中，孔子获得了极大的精神享受。《论语》开篇第一句就是“学而时习之，不亦说乎”，学习并且践行，难道不是件快乐的事吗？再如“知之者不如好之者，好之者不如乐之者”，知道知识不如喜好知识，喜好知识不如将知识作为快乐的源泉。如此种种关于学习的快乐的警句，散见于《论语》中。

我们提起“好学”二字，一般都会想起不断读书，一路考试拿高分，就算好学了。在孔子那里，“好学”的意义却和今天大不相同。孔子晚年，鲁哀公问孔子：“你那么多学生，谁是最好学的人呢？”孔子回答说：“只有颜渊一个人好学。他从不迁怒于人，也从不犯重复的错误。”迁怒于人说明自己还有怒气，定力不足，不迁怒于人说明这个人的修养已经达到了中和的高等境界。犯重复的错误，比如偶尔讲脏话、睡懒觉、妒忌他人、出口伤人等，也在所难免，然而颜回居然可以不犯重复的错误，说明他在学习上的段位已经接近“独孤求败”的境界。

孔子本人也对“好学”下过一次定义：“君子食无求饱，居无求安，敏于事而慎于言，就有道而正焉，可谓好学也已。”反言之，如果一个人贪图口腹之欲，不算好学；贪图住得舒服，不算好学；做事不敏捷，不算好学；说话不慎重，不算好学；不追求真理，不算好学。孔子对“好学”的定义是全方位的：在饮食、居住等外在要求上加以克制，并在事业上敏捷、言语上慎重，同时坚持对真理、正道的追求，只有这样的人才称得上好学！

北宋时期，有一位叫王曾的宰相。他是那个时候的超级学霸，连中三元，先后在乡试、会试、殿试上夺得第一名。有人就恭贺他说：“您从此以后就吃穿不愁咯！”王曾回答说：“曾平生之志，不在温饱！”此后，他立身行道，入朝拜相，成为北宋少有的贤臣。王曾的例子也告诉我们，好学是一个儒者的本分，对一个真正好学的君子来说，不仅仅是多读书、能考试那么简单，也要胸中装着良心，心中装着国家。

正是通过后天的不断学习，学无常师，不为稻粱谋，只计天下利，孔子从悲惨的少年生活中挣脱出来，一步步走向新生。苦难的人生经历非但没有磨灭孔丘的意志，反而赋予了他珍惜光阴、好学正道的勇气。凤凰涅槃，浴火重生。岁月让孔丘从昔日弱不禁风的少年渐渐成长为一位博闻强识的学者，一位心忧天下的君子。接下来，他将运用自己努力学来的所得改变他的时代。

山雨欲来风满楼，分崩离析、摇摇欲坠的鲁国会在孔子的带领下复兴起来吗？

历史走到了春秋晚期，周礼早就被破坏殆尽。文王、武王、周公等先圣先贤留下的典章制度几乎荡然无存，取而代之的是，乱臣贼子比比皆是。这个世界，还会再好起来吗？

蓄势、仕鲁与周游列国

在古代中国，“学而优则仕”，做官才是最正儿八经的职业。想要改变社会，不去做官，就等于缘木求鱼。在临近三十岁时，孔子做过几年的小官，但之后长达二十年的时间里，孔子几乎没有出来做官，这应当属于孔子的蓄势时期。等到再次做官时，孔子已经五十一岁，直接被封为中都宰，也就是管理中都这块地方的行政长官。也就是说，孔子真正在鲁国做官的经历不过是三十岁稍前加上五十岁之后几年，总计不会超过十年。在之后周游列国的十四年中，做官也不是他的主要目的，而是随缘尽心罢了。

对此，我们不妨做一个简单的划分：

二十七岁到三十岁，孔子在鲁国做小官，比如乘田、委吏之类；

三十一岁到五十岁，孔子继续蓄势，一边讲学，一边积累经验，并在鲁国内外简单游历；

五十一岁到五十五岁，孔子在鲁国做高官，想要从三家手中夺权，将权力收归公室，但最终失败。这次的从政时间才四年左右；

五十五岁到六十八岁，孔子被迫出走，周游列国十四年。

在三十岁之前，孔子已经收了一些弟子，他十九岁取妻（亓［qí］官氏），二十岁生子（孔鲤），之所以做些乘田、委吏的小官，估计也有补贴家用的意思。再者，按照周礼的规定，五十岁才能做大夫。孔子一生都宗奉周礼，肯定明白这个意思。因此，在五十岁之前，孔子还是一直在不断学习、教学、交游，积蓄力量。当然，孔子在五十岁之前不出来做官的原因还与当时动荡不安的政局有关。在此期间，鲁国先后发生了两件大事：昭公奔齐与阳货叛乱。这两次政局动荡对鲁国来说都是严重的灾难。

鲁国本来是周公的封国，由鲁国国君执掌国事。到了孔子的那个时代，季孙、叔孙、孟孙三家势力已经做大，鲁国国君反而被架空。在孔子三十五岁那年，鲁昭公不堪其辱，想要从三家手中夺回君权。不料三家发动联合进攻，鲁昭公战败后，灰溜溜地逃到了齐国避难。这一年，孔子也到齐国游历。齐景公特意问他应如何施政，孔子回答“君君、臣臣、父父、子子”。即，做君主的要像个君主的样子，做臣子的要像个臣子的样子，父子亦然。这话主要是针对当时的乱象说的。鲁国的权力之所以会被三家执掌，还不是因为国君昏庸，不像个君主的样子嘛——鲁昭公出奔之后，史载“民如释重负”，说明民心根本不在国君那里，做君主的难道不应该反思自己的罪行吗？对三家来说，臣子也应该像个臣子的样子——堂堂的国君怎么能说打就打，说赶跑就赶跑，这岂不令天下人笑话；而且，就算季孙氏赢得了民心，可他怎么能用天子才能使用的八佾舞呢？孔子这一“君臣父子”的论说得到了齐景公的认可。

其实，齐景公比鲁昭公也好不到哪儿去。当时，齐景公腐败，民不聊生；与此同时，大臣田氏（也作陈氏）开始积极笼络民心，借给百姓粮食时用大斗，接受百姓还粮时用小斗，赢得了百姓的欢喜拥戴。齐景公死后没多久，齐国的政权便被田氏攘夺，原来姜子牙的封国齐国也由此改了姓，史称“田氏代齐”。齐景公死都死了，也没落个好名。《论语》记载：“齐景公有马千驷，死之日，民无德而称焉。”做国君的不像个国君，只顾着自己贪图享受，百姓自然也不会买账，不骂你就不错了。

除了昭公奔齐之外，鲁国的另外一项灾难便是“阳货之乱”。阳货，名虎，字货，在鲁国是个狠角色。此人出名主要有三个原因：其一就是《论语》二十篇之中，第十七篇就叫《阳货》（这是古书命名的规则，往往取篇首二字作为篇名，比如《学而篇》就是取自“学而时习之”的前两字）；其二就是他和孔子居然长得极像（阳货曾欺压过匡这个地方的百姓，孔子游历到匡地时，被这里的百姓误认为阳货抓了起来，差点被杀死）；其三，阳货作为季孙氏的家臣，居然把鲁国最有权势的季桓子给抓了起来，发动叛乱，自己当了鲁国的老大。

过了三年，“阳货之乱”终被平息，但鲁国的政局已经乱得不能再乱。此时，孔子终于忍不住了，出山辅佐鲁定公，管理朝政。那一年，孔子五十一岁。此时，鲁定公给他的职位是中都宰。

经过二十多年的蓄势，孔子的政治才能终于爆发了。《史记》记载：“定公以孔子为中都宰，一年，四方皆则之。由中都宰为司空，由司空为大司寇。”由于孔子的杰出才能，一年左右的时间，他的官阶就突飞猛进，两跳就做到了大司寇，几乎相当于后世的宰相。

孔子政治生涯的一大亮点就是“夹谷之会”。公元前 500 年夏，鲁定公与齐景公在夹谷会盟，两国就边界争端问题展开商讨。鲁国缺乏贤能，定公只好让孔司寇摄行相事。齐国人认为孔丘不过是一介书生，知道得虽多，但并没什么用，齐国君臣准备在两国会盟之时，派遣一支兵力，将鲁定公劫持——“哼哼，到时鲁国不就是咱们齐国的了？”他们的这点小心思早就被孔子看穿了，孔子出行的第一件事就是“有文事者必有武备，有武事者必有文备”，提前安排好了兵马。

等到会盟的那一天，齐景公摆出一贯的老大哥的姿态。会盟不能老是干聊，总要有些乐子。他先让齐国乐队演奏四方之乐，于是乐师们拿着刀剑矛戟在台上乱舞，顺带恐吓一下鲁国人。孔子立刻上台制止：“我们齐鲁两国都是礼仪之邦，怎么能演奏夷狄之乐？”齐景公被数落有失礼仪，感觉很丢人，也自知理亏，只好命乐师们下台。为了找回面子，他又让人演奏齐国的宫中之乐。然后，一群侏儒倡优都跑到台上乱舞。齐国君臣似乎很享受这种低级趣味，乐此不疲。孔子看到后，又登上台去，呵斥道：“无知戏子，宵小之辈，敢在这么庄重的场合迷惑诸侯。大不敬！来人，拉下去砍了！”看到这些人被押出去行刑，齐景公强作镇定，想要发兵直接把鲁定公这帮人干掉，臣下却报告说，夹谷周边早就集结了鲁国的军队……

回国后，齐景公大骂臣下：“你们这些混账东西！鲁国都用君子之道，你们却净教我夷狄之道！现在天下人都知道齐国快成夷狄之邦了，你们说怎么办吧？”无奈之下，齐国归还了之前侵占鲁国的郓（yùn）、讙（huān）、龟阴三个地方，“夹谷之会”就这么结束了。在“夹谷之盟”上，孔司寇不卑不亢，有礼有节，成功粉碎了齐国的挑衅暗算，圆满完成了会议主持的使命，还顺带着收复了三处失地。

外患问题告一段落。接下来，孔司寇要处理的是最要命的内忧问题：如何将权力从季孙、叔孙、孟孙三家夺回来，让权力收归中央？鲁国的上空乌云密布，内战一触即发。先期主攻方向在哪里呢？孔司寇决定，只有彻底摧毁三家的都城，才能一劳永逸地解决问题。欲除三家，必隳（huī，毁坏）三都。三家之中，叔孙为弱，季孙最强。先易后难，等灭了季孙，则孟孙不足忧也。先期确实如孔司寇估计的那样，首先攻陷了叔孙氏的都城“郈”。然后，又开始攻打季孙氏的都城“费”。费城之战虽然遇到了强烈抵抗，但还是取得了胜利。就当三大战役快要取得成功的时候，孟孙氏的都城“成”进行了殊死反抗，鲁定公的军队无功而返，“隳三都”的作战方案就此功亏一篑，宣告流产。

“隳三都”的作战方案虽然失败了，但是孔司寇的能力无疑得到了认可。很快，鲁定公便正式命他摄行相事，主掌鲁国国政。有了之前数十年的经验积累，加上弟子们的奔走效力，鲁国在孔子的治理下很快焕然一新。史载：孔子参与国政才三个月，贩卖猪、羊的商人就不敢漫天要价，男女行人都分开走路，路不拾遗，各地往来的旅客用不着向官员们求情送礼，都能得到满意的照顾，好像回到了家中一样。鲁国的复兴之梦似乎为期不远，这个世界也似乎正在好起来。

鲁国的变化让齐国看在眼里，急在心里。鲁国强大是齐国最不愿意看到，也最无法容忍的。鲁国又没有大规模杀伤性武器，齐国也不便直接出兵攻打。怎么办？齐国果然擅长阴谋，只用了两计，就将孔子赶出了鲁国，也彻底打断了鲁国的复兴大梦。这两道计谋其实很简单，也很实用，分别是美人计与离间计。齐国给鲁国国君以及三家都送了女乐，让他们没日没夜沉浸其中无法自拔，磨灭了他们的斗志；再给三家吹吹风：“只要孔司寇在一天，你们三家就别想有出头的日子！还记得郈城、费城被毁坏的耻辱吗？”三家听后，咬牙切齿，与齐人一拍即合：“我们早就看他不顺眼，干！和他孔老二干！”如此这般，就在孔子还怀着满腔热血忙于复兴鲁国时，他被迫出走的命运已经被这帮奸臣算计好了。

五十五岁那年，由于小人陷害，孔子怀揣着一颗冰凉的心，离开了鲁国这个让他充满希望又陷入绝望的母邦。广阔天地，大有作为。是金子总要发光，是君子又何惧流浪？在子路、颜渊等忠心弟子的伴随下，这位迟暮的老人离开了鲁国。只是他不曾想到，这次离开居然长达十四年之久！

第一站是卫国，不是因为两国离得近，而是因为两国是同姓国，属于姬姓，世代友好。卫国当政的是卫灵公，不过卫灵公不喜欢孔子的这一套恢复周礼的说教。顺带讲一下，孔子施政的一面大旗就是要恢复周礼，消除分裂、消灭僭越，以德治国、以礼治国，最终达到天下大同，即“两消两以一最终”。孔子在卫国待了三四年，卫灵公也没有登用他的意思。其间，孔子有一次想要离开卫国，到了匡这个地方。如前文所述，因为长得像阳货，差点被匡人杀死。此为孔子周游列国第一厄。后来，他返回卫国。还有一次，孔子路过蒲这个地方，遇到蒲人叛乱，又差点命丧其中，此为二厄。

蹊跷的是，卫灵公的夫人南子似乎对孔子表现出了别样的兴趣。南子的名声很大，据说她是“漂亮共放荡一色，美丽与淫乱齐飞”。孔子是名满天下的圣人，当时已经快六十了。南子居然还兴趣不减，不知意欲何为。而且，当孔子要应召去见南子时，他的大弟子子路极为不爽：“那种货色您都去见，夫子啊，我都替您臊得慌！”孔子指天为誓：“如果我有什么做得不妥的地方，就让老天爷厌弃我！”在卫灵公、南子的统治下，孔子发现自己越来越受不了了。直到有一天，出现了这件让孔子彻底绝望的事情：卫灵公拉着孔子说“您教俺如何打仗呗”，孔子婉拒说“俺只听说礼仪方面的事，打仗的事，俺也不知道”；由此，孔子意识到，卫国实在是无药可救了——不过是弹丸之地，又夹在齐、晋、宋、楚等大国之间，还想着如何打别人——卫灵公这里冥顽不灵，南子那边又虎视眈眈，闹不好会让自己晚节不保。眼不见为净，孔子琢磨着还是早点离开为妙。第二天，孔子就离开了卫国。当然，在卫国的三四年中，他也不是没有收获。端木赐，也就是子贡，正是在这个时候拜在孔子门下，后来成为“儒商”始祖。

六十岁那年，孔子从卫国到了曹国，又从曹国到了宋国。在宋国时，孔子因为不满宋司马桓魋（tuí）的虐政，差点被杀死——这是他流亡途中第三厄。稍后，他抵达陈国，待了三年，吴国的军队就浩浩荡荡地打了过来，孔子只好离开陈国。在由陈国去蔡国的路上，兵荒马乱，孔子和弟子差点饿死——这是第四厄。好不容易到了蔡国，也见到了楚叶公。由于没有什么施政的可能，孔子又返回卫国。当时卫灵公已经去世，卫出公在位。春华秋实，时光荏苒，孔子在卫国一待又是四年。虽然换了新君，但是并没有改变孔子被疏远的命运。

六十八岁那年，鲁国的季康子掌权，邀请孔子回国。叶落归根，孔子这才有机会回到阔别十四年的母邦。由于年事已高，他自己也清楚，生命留给他的时间不多了。十四年来，他遇到的君主不在少数，但是没有一位君主肯任用他。他那“恢复周礼”的旗号不被理睬，人们多数也只是抱着敬老尊贤的态度接待他，并没有授权他做事的诚意。鲁国的复兴梦想破灭了，劝说其他君主行道的梦想也破灭了。十四年间，三番五次面临死亡的危险，孔子从未退缩过。然而，在政治理想幻灭的残酷现实面前，他似乎也无能为力。孔子不愧是孔子，在垂暮之际，他想到了一个绝大的命题："如果我不能改变这个世界，让这个世界好起来，那么在我之后呢？是的，我可以为后世立法！也只有我可以！"

孔子与礼治

上文中，我们几次谈到了孔子和复礼。那么，在孔子眼中，"礼"究竟是怎样的存在形态呢？它和我们今天理解的"礼"到底有什么不同？

从童年开始，礼就为孔子的人生奠定了根本基调。孔子幼时的玩乐，常常是"陈俎豆，设礼容"，也就是把祭祀时方形和圆形的俎豆等祭器摆列出来，练习跪拜行礼。这种以礼为中心的童年教育，使孔子幼时便萌生出对秩序的尊敬，促使他日后不自觉地像幼时"陈俎豆，设礼容"一般整齐政治，乃至谋求一个以礼为核心的理想社会。

礼，作为"视、听、言、动"的标准，下则可以规范个人的举止，上则可以成为对抗权力与暴力的手段，这种对抗看似软弱无力，实则无比严厉。

周天子掌握实权时，如果发生"臣弑其君""子弑其父"等严重悖礼行为，便会兴师讨伐，但在"礼乐征伐自诸侯出"的春秋时期，周天子已经失去实权，无力过问那些悖礼之事。于是，孔子就替周天子实行讨伐。不同的是，周天子的讨伐凭借军队的力量，而孔子的讨伐却是用笔墨。《春秋》成书，寓意褒贬，甚至在千百年后，被孔子诛伐的乱臣贼子，如晋灵公、崔杼等人都随着这部著作的流行而被后人永远唾弃。后人提起这些昏聩的君主和大逆的臣子，都会深以为耻而不屑与之为伍。周天子用武力荡平乱臣贼子之后，乱臣贼子未必留下千古骂名，但是孔子依照礼义用"春秋笔法"诛伐乱臣贼子后，乱臣贼子虽然未必受惩当时，却注定遗臭千古，这样的惩罚是极为严厉的！

所幸，孔子并不是后世"挟天子以令诸侯"的野心家，他并没有"挟礼以绳墨天下"，而是"尊礼以求天下之公"。正是这种对礼的执着以及在现实中的合理运用，才使得孔子虽不能游刃于仕宦之途，却可以饮誉于志士之林，为后世开一代风气。也只有了解“礼是对抗权力与暴力的手段”，我们才能看到孔子人格中敢于批判的一面。

历史上，管仲是极为杰出的政治家，孔子对他的态度基本上也是肯定的。尽管如此，孔子依然用礼展开了对管仲的批判。因为管仲违背君臣之礼，僭用了君主方可使用的器物，孔子就事论事，认为管仲在这一点上的举动极不恰当，并且用了“管氏而知礼，孰不知礼”的严厉措辞。

孔子的高徒子贡，也对礼的这一用途谙熟于心。孔子去世后，鲁哀公作诔（lěi，叙述死者事迹表示哀悼，多用于上级对下级）文吊念孔子，子贡引用了孔子的教训“礼失则昏，名失则愆（qiān，错误）”，认为鲁哀公祭诔孔子是“生不能用，死而诔之，非礼也”。子贡的这种批评极为反讽，作为礼仪之邦——鲁国的最高统治者遭到了一位无位大夫之弟子“非礼”的批判。

孔子及其弟子的言行告诉我们，礼作为对抗权力与暴力的手段，在当时具有强大的威力。无论是一国君主，还是已经作古的杰出政治家，只要违背了礼，孔子便会当仁不让地予以批判。这种批判，不仅涵盖当时，而且影响后世。

礼之于孔子虽然成为对抗权力与暴力的手段，但这种对抗本身又存在一种矛盾——礼既可以成为对抗他人的利器，也可能成为阻碍自己前行的绊脚石。

孔子在漂泊不定的生涯中，号为“东西南北之人”，但一生对父母的感情都极为真挚。一次大雨后，孔子父母的坟墓坍塌。依照古礼，是不能修墓的，可弟子们偷偷将孔子父母的墓修好了。之后，弟子告知了孔子。孔子该如何应对呢？如果依照周礼，孔子本可以严厉斥责弟子的非礼行为。但是弟子所修之墓，却是自己亲生父母之墓。对此，孔子的内心是极为复杂的，在弟子多次禀告之后，他才反应过来。孔子的反应有两个：一是“泫然流涕”（孔子竭力忍住哭声，眼泪却不停地向下流）；二是说了句“吾闻之，古不修墓”。这两大反应，前者是孔子作为子女对父母的一片拳拳深情，后者是孔子一生小心恪守的不二古礼。礼在这里，起着明显的束缚作用，孔子的万般无奈也在此处流露无遗。

礼制对个人情感的约束也体现在孔子的得意门生颜回去世一事上。对于颜回之死，孔子悲恸无比，认为上苍在要自己的老命，大呼“天丧予！天丧予”！颜回死后，他的父亲颜路因为贫困，无力置办棺椁，便请求孔子卖掉车子送颜回最后一程。颜路的这种请求绝对是在万不得已的情况下才提出的，但孔子当时也是家境贫寒，不久前，他的儿子孔鲤去世，也无法置办棺椁。最后，弟子们瞒着孔子，集资为颜回置办了棺椁。颜回出殡时，孔子的心情极为沉重，内心也极为矛盾。自从孔鲤死后，孔子待颜回情同父子，可是，孔子连颜回父亲最后的一点请求都无法满足，又当如何面对泉下的爱徒？然而，礼就是礼——大夫不可以无车——孔子不能为了安葬颜回而卖车。

纵使礼对孔子造成一些束缚和矛盾，但是，在他眼中，礼的地位却极为重要，“失之者死，得之者生”。孔子所遵循的礼，已经摆脱寻常之礼的窠臼，并且内化于心，进而成为一种实现社会秩序的学说。

孔子反复讲“不学礼，无以立”。礼，与其说是束缚个人和集体的言行，毋宁说是成就个人和集体的追求。往小了说，礼既是个人修养的外在体现，也是人与人相处时最恰当的距离。懂礼之人，表现得文质彬彬，更容易受到大家的尊重，也更善于把握人与人相处的亲疏、远近。往大了说，礼是个人安身立命的基石，更是治理国家的基本方略。在礼的熏陶下，个人可以在物欲横流中立稳脚跟，真正做到不随波逐流，进而坚守自己的理想，乃至力挽狂澜，成为中流砥柱。以礼治国，居上位者给下属充分的尊重与礼遇，居下位者自然也会乐为其用、尽忠职守，如此上下一心、大道为公，方能造福百姓，实现国运恒昌。

孔子与六经

失之东隅，收之桑榆。当上苍为我们关上了一扇门，往往就会在别处为我们打开一扇窗。在政治实践上，尽管耗费了大半生，到头来，孔子还是个

loser。在结束十四年的周游列国之后，孔子回到了鲁国。他不再像以前那样为改变鲁国的政局奔走呼号，而是将更多的精力和心血倾注到六经的整理和编纂工作当中。

六经之中，《乐经》早就遗失了。《诗经》原来篇幅很多，经过孔子之手，裁剪成我们今天看到的三百零五篇。《诗经》用赋、比、兴的手法，主要包含了风（各个地区的民风）、雅（周王室宫廷雅乐）、颂（宗庙祭祀舞曲）等几个部分。《诗经》对中国文学的影响，说多大都不为过。《诗经》中的典故也已经完全融入汉语体系之中，时至今日，依然为我们津津乐道。比如“关关雎鸠”“投桃报李”“白头到老”“桃之夭夭”“青青子衿”“在水一方”“尸位素餐”“夜未央”“战战兢兢”“未雨绸缪”“寿比南山”“万寿无疆”“忧心忡忡”“他山之石”“不可救药”“信誓旦旦”“遇人不淑”“邂逅相遇”“兄弟阋墙”“明哲保身”……均出自《诗经》。即便在今天，依然有许多人的名字，包括影视文学作品中的人物名字，都能从《诗经》中找到出处。例子太多，大家不妨自行脑补。

《尚书》主要是记载夏、商、周的史事，以周代为主，有典、谟、训、诰、誓、命之分，其实都是讨论如何治理好国家。因为文字晦涩，号称难读。孔子整理的《尚书》原貌已经不可考。后来，《尚书》又分为古文和今文。今文便是用汉代通行的篆书写成，而古文则是从墙壁中重新发现的上古文字。当然，古文《尚书》和今文《尚书》的内容和篇次也都不一样。关于真伪问题，学术界争论了上千年，直到近代，才基本获得共识：汉代伏生所传的二十八篇《尚书》是真的，而东晋梅赜（zé）所献的《尚书》五十八篇，其中二十八篇属于伪造。梅赜伪造的五十八篇《尚书》自唐宋以后一直被尊崇，成为科举考试必读的书籍，直至明清以降，它的面目才被揭穿。近年来，新发掘的出土文献，比如战国时期的《清华简》等，更加证明了梅赜所献《尚书》为伪造。

《礼经》本来指的是《仪礼》，又称《士礼》。孔子编订的《礼经》，其原貌早就看不到了。流传下来的只有《仪礼》十七篇，因为记载的多半是士这个级别的礼仪，所以称《士礼》。《仪礼》包含冠、婚、丧、祭、相见、乡饮酒、乡射、燕、朝、聘等若干礼仪，极其精细地记载了当时的行礼流程。由于这书比较难懂，所以到了西汉时期，戴德、戴圣叔侄两人编纂了《礼记》来解释和补充《仪礼》，分别称作《大戴礼记》《小戴礼记》。需要强调的是，汉代的《礼经》一般特指《仪礼》，而非《礼记》。在流传过程中，《大戴礼记》逐渐被冷落，而四十九篇的《小戴礼记》却流传了下来。到了唐代，由于《小戴礼记》通俗易懂，更加实用，加上郑玄、孔颖达等人都做了注解，所以后来居上，逐渐取代了《仪礼》，被抬高到五经之列。现在我们提到的《礼记》，一般也特指《小戴礼记》。大家较为熟知的篇目，如《大学》《中庸》《礼运》《学记》《儒行》《乐记》等，都出自《礼记》。大家熟知并经常用的“礼尚往来”“礼闻来学，不闻往教”“大道之行也，天下为公”“嗟来之食”等词语，也都出自这本书。不夸张地讲，《礼记》这部书对奠定中华民族“礼仪之邦”的地位功不可没。

《周易》包含两部分，即《易经》和《易传》。《易经》从夏朝就有了，夏朝叫《连山》，商朝叫《归藏》。到了周朝，文王加以推演和丰富，成了《易经》。《易经》包含八八六十四卦，每卦有六爻，凡三百六十四爻，用阴阳八卦来解释万事万物，包罗万象，广大精微。它本来具有占卜未来的功能，同时也具备自身深奥的哲理。《易传》主要是解释卦辞和爻辞的，一共有十篇，被称作“十翼”，据说是孔子所作。我们熟知的“天行健，君子以自强不息”和“地势坤，君子以厚德载物”这两句话就分别出自《易传》中乾卦和坤卦的《象传》。

下面，我们来重点说一说孔子和《春秋》。《春秋》经文不足两万字，但绝对是一部分量极重的书。2012 年 3 月，在十一届全国人大五次会议闭幕后的记者招待会上，温家宝总理对记者说：“我秉承‘苟利国家生死以，岂因祸福避趋之’的信念，为国家服务整整 45 年，我为国家、人民倾注了我全部的热情、心血和精力，没有谋过私利。我敢于面对人民、面对历史。知我罪我，其惟《春秋》。”

“知我罪我，其惟《春秋》”出自《孟子》。《孟子》中写道：“《春秋》，天子之事也。是故孔子曰：‘知我者，其惟《春秋》乎！罪我者，其惟《春秋》乎！’”《史记》也说：“至于为《春秋》，笔则笔，削则削，子夏之徒不能赞一辞。”《春秋》这部书关涉太大了，以善于文学著称的子夏都不能改动一字。可以说，孔子人生最后几年的心血全部倾注到了写作《春秋》这部书中。

鉴于《春秋》经文过于凝练，后人根本读不明白，于是就有人为之作传，来解释经文。最为著名的就是《公羊传》《穀梁传》《左氏传》，号称“《春秋》三传”。《春秋》的写作体例从鲁隐公到鲁哀公共计十二位君主，按照年、月、日的次序编写。我们通常以为，研究历史是为了寻求真相。但是，《春秋》并非如此，而是以“微言大义”为第一追求。为了说明“微言大义”，就运用了独特的写作手法，也就是后世所谓的“春秋笔法”。

举例言之：历史上，吴国和楚国的国君都有称王，但《春秋》偏偏称其为“吴子”“楚子”（子是公、侯、伯、子、男中较低的爵号）；《春秋》认为，只有周天子可以称王，其余称王的行为都是僭越，应该贬称为子。

又如，晋文公重耳称霸之后，将周天子召到河阳这块地方，《春秋》却写“天王狩于河阳”（周天子到河阳这个地方狩猎）。因为在《春秋》看来，臣子不能召见王，只有王才能召见臣子。写“天王狩于河阳”既是对天子的隐讳，又隐含着对晋文公这一无礼之举的贬斥。

再如，晋国去攻打同姓国鲜虞，《春秋》却说“晋伐鲜虞”，而不是“晋国伐鲜虞”。一字之差就表明了《春秋》的态度，晋国居然攻打同姓国，简直是夷狄的行为，所以故意不书“晋国”。

另如，陈国夏徵舒乱国，楚庄王把他抓住杀了（楚庄王在春秋时期名声还不错，能力也很强，“一鸣惊人”的成语就是说他的）。夏徵舒祸害陈国，被楚庄王杀了，在常人看来本是件大好事。然而，《春秋》偏偏写道“楚人杀陈夏徵舒”。注意，这里《春秋》连“楚子”都不屑称，改用“楚人”——爵号都抹了，贬抑色彩何其强烈！原因何在？虽然夏徵舒有罪，但是按照周礼“礼乐征伐自天子出”之规，你楚庄王怎么能僭越，去做周天子才有权做的事呢？举个例子来说，如果看到大街上有人为非作歹，就不分轻重缓急直接上去把他砍了，这看起来像是见义勇为，其实，还有法律在那儿呢！人人都想杀就杀，没了王法，天下还能治理好吗？但是，楚庄王他们却不那么想，反而以为：“我强，我就是王法！”孔子的《春秋》笔法正是要诛灭这种无法无天的野心，还世间一个大公道。凡此种种，借助书写《春秋》，孔子相当于为中国建立起了一套价值标准。

“五经”之中，《诗》《书》《礼》《易》“四经”都有现成的材料，是孔子编纂的，唯有《春秋》是孔子按照自己的意图写作的。《春秋》是孔子唯一的著作。既然现实世界难以改变，孔子决意以《春秋》为核心搭建起一套独特的价值体系。通过《春秋》，他想让后人明白：做人也好，治国也好，一定要守住底线，这个底线就是礼，就是义；不要以为自身强大了，干了那些败坏伦常的事情，没人知道，没人管得了。其实，公道自在人心！

孔子用心良苦，他之所以说“知我者，其惟《春秋》乎！罪我者，其惟《春秋》乎”，是因为：本来这种为天下立法、为后世立法的事情应由天子或者天子授命完成；然而，孔子所处的时代实在太乱了。对此，司马迁的评价是“春秋之中，弑君三十六，亡国五十二，诸侯奔走不得保其社稷者，不可胜数”。所以，孔子不惜背负僭越的嫌疑，毅然决然地书写《春秋》。从这个意义上来讲，孔子干的何尝不是天子的事呢？好在后人明白孔夫子的无奈，没人会去怪罪他老人家。

说一千，道一万，《春秋》所讲的，最重要的就是一个“义”字。该去做的，就算赴汤蹈火，也在所不辞；不该做的，就算刀架在脖子上，也不敢越雷池半步。该做不该做的标准，借用《大学》里的话就是：“为人君，止于仁；为人臣，止于敬；为人子，止于孝；为人父，止于慈；与国人交，止于信。”否则，做领导的不去关爱下属，做下属的不把领导放在眼里；做子女的不孝敬父母，做父母的不疼爱子女；政府治理国民没有诚信，国民视政府为无物……这岂不是要天下大乱了吗？

除了褒贬之外，《春秋》还有更高一层的“经世大法”。汉代大儒董仲舒就用《春秋》来判理刑事案件，史称“《春秋》决狱”。举例来说，父亲和别人发生争执，被对方用刀攻击，儿子及时相救，却在打斗过程中误伤了父亲。如果严格依照法律，儿子殴打父亲属于重罪，应当判处死刑。但是，董仲舒以为，儿子动机不在于伤害父亲，所以应当无罪释放。在这里，《春秋》大义的地位明显凌驾于法律之上。依托于对《春秋》大义的理解，董仲舒“原心定罪”的做法在后世也发挥了非常重要的影响。

近代的康有为也写过一部《孔子改制考》，认为孔子作《春秋》本来就是要开创新制度，并用这套说辞为他的“戊戌变法”奠定基础。另外，值得强调的是，《春秋》讲“尊王攘夷”，强调“大一统”，这些理论在后世也逐渐深入人心。

作为凡人的圣人

世界文明林林总总，并无高下、优劣之分，却不可避免地有所差异。其中，中国文明与西方文明的一个根本差异就在于有无宗教信仰。

在基督教看来，人生下来就是罪人，需要不断忏悔。儒家却相信，“人之初，性本善”，不需要忏悔，通过“三省吾身”，也可以管理好人生。

基督徒每周末都要去教堂做礼拜，听神父布道。儒家则告诉你，在自己的家里，也能处理好父母、子女、兄弟的关系，这就是道。

在《圣经》中，耶稣用五张饼和两条鱼就可以让五千人吃饱。中国的圣人孔子却不会有这种神迹，孔子和弟子在陈国、蔡国之间流亡的时候，差点被活活饿死。

在宗教徒看来，没有神的指引，要管理好人生和国家，是无法想象的事。甚至，一些极端的宗教徒还认为，不信仰上帝、安拉就活该你下地狱！孔子却认为，我们应该“敬鬼神而远之”。与其谈论这些神啊鬼啊的，不如问问自己：今天学习快乐吗？以后的志向是什么？为政该如何用人？今天学《诗》了没有？这些事情最接地气，也更加理性。

孔子不是神，出身很卑微，自己就说自己“吾少也贱”，也不敢以圣人自居，“若圣与仁，则吾岂敢”。他有着悲惨的童年，缺少父爱，靠母亲拉扯成人，通过孜孜不倦的努力学习，才改变了自己的命运。他破茧而出，从卑微走向高贵；他凤凰涅槃，从平凡走向圣贤。

作为老师的孔子，他收学生的门槛非常低，给十条干肉作为礼物，孔子就会教诲。更重要的是，在那个贵族垄断学问的年代，孔子开了“有教无类”的先河。像子路这种出身乡野之人，如果不是遇到孔子，怎么能成为名垂千古的君子？孔子也不主张门户之见，他说“三人行，必有我师焉”。他教导学生：凡事少说话，多学多思多问。

孔子尤其主张培养“仁”。“仁”在《论语》中出现次数极多，内涵也非常丰富。熊十力先生的理解是：“什么叫作‘仁’，用俗话来说，仁就是良心。吾人日常起心动念，不容有一毫私意私欲；如有一毫邪念，便有愧耻，不敢对人说出……这时的心，就是良心，就是仁……自己有饭吃，见人无饭吃，却不忍。自己有衣服，见人无衣，却不忍。这种不忍的心，便是良心，便是仁。”熊先生的解释通俗易懂，抓住了要害。

除了“良心”的解释之外，仁也是果皮内部之物，如桃仁、杏仁等，是果实最核心所在。果仁的优劣，直接决定此粒种子发育成长的优劣——将来是长成葳蕤果树，还是无名败草，全在乎仁。即便在今天，遇到那种先人后己、助人为乐的人，我们都会说：“这人仁义！”再往上升华，为国为民，就是“仁人志士”了！对那些只顾着一己的名利，对别人的困难、死活完全不上心的人，我们会说：“这家伙简直麻木不仁！”可见，“仁”的内涵已经化入了国人的日常生活、精神命脉之中。孔子对仁看得非常重要，他说过：“志士仁人，无求生以害仁，有杀身以成仁！”大家莫轻视了这句话，正是孔子的这句教诲，激励了后世无数人在国家危难之时挺身而出，不惜抛头颅、洒热血，来捍卫人的尊严、国家的尊严。

孔子的教导看似简单，实则无比实用，也最经得起时间的检验，从而拥有征服人心的力量。比如，他会说“己所不欲，勿施于人”，自己不喜欢的事情，就不要强加在别人身上。区区八个字，如果真能践行，不仅做人没得说，就连处理国际关系也会赢得广泛的认可。将心比心嘛，守住自己的这颗心，自爱爱人，别人自然会信服你。

作为圣人的孔子，其实平凡得不能再平凡。孔子，一个悲剧人物，终其一生都在梦想与现实之间徘徊，几经周折却仍然被抛弃在政治权力的门外。坚定的理想主义赋予了孔子挺立人格中永恒的人间关怀，但同时也注定了孔子屡屡碰壁于现实的人生姿态。在人格上，孔子已然修成了圣者境界，可在实践中，孔子却每每落得“惶惶如丧家之犬”。一个屡不得志的老翁却成就了中国文化，确实令人敬叹。

追名逐利，乃人之常情。就孔子一生来说，他做过高官，有很多人主动为他提供俸禄。然而，到了晚年，他根本没攒下什么钱财。自己的儿子孔鲤和爱徒颜回死了，他连买棺椁的钱都没有。堂堂的一国高官，名声在外的博学君子，无所不知的大圣人，居然穷到这个份上！要说名，他也没捞着什么好，反而有了“丧家犬”这般可怜兮兮的称号！孔子果真不求名利吗？非也！俗语云：“计利应计天下利，求名应求万世名。”孔子是一个凡人，但他心里装的却是天下人。在谈到自己的人生志向时，他说：“老者安之，朋友信之，少者怀之。”——使天下的老人都能安享晚年，使天下的朋友都能诚信相待，使天下的少年都能得到关怀。

他的理想国不在天上，而在人间。终其一生，他所思所念所想所爱的还是如何建立一个理想的人间，让这个世界赶快好起来。到那个时候，大家不仅仅把自己的父母当父母，把自己的子女当子女，而是惠及天下的老人和儿童，使“老有所终，壮有所用，幼有所长”，使那些晚年死去配偶的、终身没有子女的、从小死去父母的、残疾的都能得到照顾；男人们都有正当的职业，女人们也都能找到好的归宿。到那个时候，即便路上有丢失的物品，大家也不会藏起来据为己有，即便是干别人的活儿，也会像干自己的那么起劲儿。到那个时候，没有阴谋，也没有小偷、强盗和叛乱，大家晚上不用关门，也可以睡个安稳觉。这样的社会，就是大同社会，就是一个“天下为公”的社会。

小　结

孔子地位之高，用柳诒徵先生的话来说：“孔子者，中国文化之中心也。无孔子则无中国文化。自孔子以前数千年之文化，赖孔子而传；自孔子以后数千年之文化，赖孔子而开。”时过境迁，我们今天还能从孔子那里学到什么呢？

两千五百年来，孔子及其学说不仅塑造起古代中国的人文精神，而且令人欣慰的是，他的学说对今天的中国来说依然没有过时。他所创建的道德标准被后人归纳为八德：孝、悌、忠、信、礼、义、廉、耻。孝顺父母，友爱兄弟，忠于职守，诚信待人，谦和礼让，有情有义，廉洁自律，知耻后勇。一个人如果不坚守这八种基本道德，就不可能成为一个对家庭、对组织、对国家有益的人。

孔子的学问是人间化的学问，他的教诲都从朴实的生活中得来。无论是在鲁国做了高官的顺境，还是在周游列国期间几次险些丧命的逆境，他都能坦然面对。有一次，弟子子贡问道："夫子，一个人贫贱却不去谄媚别人，富贵了却不骄傲，这种人怎么样呢？"老实说，能做到子贡所说的那样已经很不容易了。贫贱的人遇到富贵的人往往自觉低人一等，控制不住去讨好，去谄媚；富贵的人，就很容易目中无人，颐指气使，对不如自己的人各种嫌弃，说话做事也完全不顾及别人的颜面与尊严。然而，孔子却说："不错。但是还不如贫贱却自得其乐，富贵也能以礼自守。"没有钱，仍可安贫乐道，自得其乐；有了钱，能够以财发身，彬彬有礼。果真如此，即便贫富悬殊再大，又有什么可担心的呢？

当举世都在追逐声名、财富、成功、强大的时候，孔子及其创建的儒学告诉世人，还有礼法道德以及内心的快乐值得追寻。在平平常常的生活中，要将追求真理和正道作为人生的志向；无论什么时候，都要坚定德行操守；哪怕遇到艰难阻碍，也不要背仁弃义；做人也不要太紧绷了，应该适当用技艺来调节内心，比如礼仪、音乐、射箭、驾车、书法、算术之类。

世界上本没有圣人，也没有神。但是，一个凡人，哪怕出身卑微，哪怕历经坎坷，只要坚持修身，只要为国为民，持之以恒，九死无悔，等到豁然贯通的那一天，他就可以成为圣人，成为永远活在国民心中的神！

推荐阅读

阅读篇目：

《史记·孔子世家》《史记·仲尼弟子列传》等。

阅读书籍：

1. 杨伯峻:《论语译注》，北京：中华书局，2006 年。

2. 钱穆:《孔子传》，北京：三联书店，2005 年。

3. 钱穆:《孔子与〈春秋〉》《两汉经学今古文平议》，北京：九州出版社，2011 年。

4. 康有为:《孔子改制考》，桂林：广西师范大学出版社，2016 年。

5. 柳诒徵:《中国文化史》（上册），上海：上海古籍出版社，2001 年。

6. 熊十力:《境由心生》，西安：陕西师范大学出版社，2008 年。

7. （美）赫伯特・芬格莱特:《孔子：即凡而圣》（Confucius：The Secular as Sacred），彭国翔、张华译，南京：江苏人民出版社，2010 年。

孟子：浩然取义，仁者无敌

战国风云

孟子生平

孟子的『升格运动』

仁政、民本

《孟子》与中国人文精神

先请同学们来做一道选择题：

请问，唐朝之前，在人们眼中，能够与孔子并称的儒家代表人物是哪一位？

A. 子路　　B. 子贡　　C. 孟子　　D. 颜渊

选 A 和 B 的同学回低年级复读去！选 C 的同学你确定吗？选中 D 的，厉害了同学，你可以毕业了！——到底发生了什么，堂堂的孟子为什么在唐朝之前，还 PK 不过颜渊？事情还要从两千四百年前说起。

战国风云

孟老夫子教导我们说："颂其诗，读其书，不知其人，可乎？是以论其世也。"这就是"知人论世"的出处。在介绍他老人家的生平之前，让我们先走进他的时代。

之前，我们提到周朝享国八百年。周朝，先后分为西周（前 1046—前 771）与东周（前 770—前 256）两个时期。东周，又先后分为春秋（前 770—前 476）和战国（前 475—前 221）两个时期。春秋战国的分水岭就是"三家分晋"——赵、魏、韩三家诸侯取代了晋国。孔老夫子生活在春秋晚期，已经礼崩乐坏。孟老夫子生活在战国中期，那个时候可不仅是礼崩乐坏那么简单了。

春秋时期，诸侯虽然僭越，但是除了少数诸侯如楚国、吴国之外，其他大多数在名义上都还尊奉周天子，不敢称王。而到了战国，几乎各个大国的君主都开始称王，视周天子如无物。

春秋时期，战争还没那么激烈，实行的是贵族兵役制度，上万人的战役都算是超大规模的。战国时期则不然，实行的是全民皆兵的制度，动辄就是几十万人的战役，两国交兵的军队人数甚至都超过了一百万。受此影响，战斗激烈程度也大大增加，《孟子》中记载："争地以战，杀人盈野；争城以战，杀人盈城。此所谓率土地而食人肉，罪不容于死。"士兵尸体都可以堆到与城墙那么高，甚至满城都是。贾谊说："伏尸百万，流血漂橹。"动辄数十万上百万人的战斗，战死的士兵血流成河，都可以漂浮盾牌了。上天有好生之德，奈何历史走到了战国时期，凡有血气，必有争心，大国兼并，小国交争，生灵涂炭，千里哀鸿。

每个不同的历史时期都有不同的主题，孟子所处的这一时期，诸侯各国都在忙些什么？根据相关史籍，我们大概可以归纳出以下三种：

其一，兼并战争。以魏国而言，战国时期，这个由魏文侯、李悝、吴起、西门豹等君臣苦心打造的、最先强大起来的超级帝国，在经历了"桂陵之战（围魏救赵）"和"马陵之战"两次大战后，完败给孙膑指挥的齐国军队，魏国大将庞涓自杀，魏军精锐损失殆尽。此后，赵国、秦国、楚国等国又趁机猛攻魏国，在一次秦魏战争中，秦将公孙衍就俘虏了魏将龙贾，并斩杀了魏军八万人！由此，魏国国家实力被严重削弱，彻底丧失了统一天下的可能。小魏选手败下阵后，齐、赵、楚、秦等健儿留在场上继续厮杀。

其二，纵横捭阖。乱世是百姓们的灾难，也正是纵横家们大显身手的机遇。纵横家先后粉墨登场，一度左右了战国的局面。苏秦鼓动三寸不烂之舌，说服东方诸侯，佩戴六国相印，率领以赵国为首的联合国军，出师秦国，吓得秦国十五年都不敢东出函谷关半步。时人曾经这么形容苏秦、张仪这些纵横家："一怒而诸侯惧，安居而天下息！"他们只要打一个喷嚏，整个中国大地都要跟着颤抖！

其三，变法图强。以秦国而言，卫国人商鞅已经到了秦国，发动了商鞅变法，废井田，开阡陌，实行郡县制，推行军功爵，能杀敌和多交粮者予以封爵，最终将秦国塑造成一个只有农民与战士的虎狼之国，为秦国日后统一天下奠定了雄厚的基础。但是，商鞅最后也落得被五马分尸的下场。

所以，在这个时期最受人仰慕的不是高富帅，而是军（军人）、纵（纵横家）和改（改革家）。能杀人，能克敌，能强国，这样的人才是时代的新宠。至于周礼，诸侯们置若罔闻；至于仁爱，已经没几个人在乎；至于大义，大家更是充耳不闻。

孟子生平

和庞涓、孙膑、苏秦、张仪、商鞅等大人物相比，今天要出场的孟轲似乎有些文弱。能杀人吗？不能。能克敌吗？不能。能强国吗？不能。那么，孟轲同学的价值到底体现在哪里呢？

不过，谁能想到，随着时光的变迁，庞涓、孙膑、苏秦、张仪、商鞅等大人物光环会很快褪去，无法与孟轲同学相提并论。孟轲同学的作品也被作为经典，代代流传，发扬光大。尤其在宋朝之后，作为《四书》的一种，《孟子》逐渐成为人尽皆知的宝书。言归正传，我们还是来了解一下他的生平吧。

孔子死后近百年，另外一个最终将要与他齐名的圣人出生在离曲阜不远的邹城。孟子，姬姓，孟氏，名轲，字子舆。其祖上就是鲁国贵族孟孙氏，家道衰落之后，迁到邹城这个地方。和孔子一样，孟子也是生下来三四岁后，父亲就去世了。孟子的母亲比较有远见，为了让儿子在良好的环境中成长，不惜搬了三次家——最早，孟家住在坟墓附近，小孟轲天天学着如何哭丧，孟母觉得不吉利，就搬到了热闹的市场旁边；小孟轲又每天扯着嗓子学习商贾叫卖，这让孟母更加崩溃；于是她又把家搬到了屠宰场附近，但孟轲居然学起了屠牛宰羊；第三次，孟母把家搬到了学宫的旁边，孟轲就开始学习弟子、官员如何行礼，这下孟母终于满意了。这就是著名的“孟母三迁”的故事，主要告诉世人，选择健康的成长环境对孩子的成长十分重要。

除了“孟母三迁”的故事之外，我们对孟子的童年、少年知之甚少。那时，儒学早就成为名满天下的显学。孔子的孙子孔伋，字子思，已经成为响当当的大儒。可惜的是，孟子二十岁时，子思都去世三四十年了。错过了追随名师的历史机遇，孟轲只好跟着子思的门人学习。到了三十岁左右的年纪，孟子也办起了书院，授徒讲学。

转眼就过了不惑之年，孟子离开了邹城，到了当时数一数二的大国齐国，在齐国首都临淄拜访了著名的稷下学宫。稷下学宫是齐威王为延揽人才专门建立的，正如火如荼地进行海选。孟子也正是因此才过来寻找入仕机会。在齐国，孟子也试图说服齐人听从自己的主张。但是，齐国人认为他那套仁政的理论不实用，甚至还有人讥讽他："您这仁政学说是能当饭吃，还是能当兵器？"就这样，岁月不饶人，孟子在齐国一待就是二十年；直到他六十多岁时，老母亲病逝，他才回到鲁国葬母，并守孝三年。

有些人遭到了打击，很可能就一蹶不振，从而将自己的抱负、理想通通抛到九霄云外去了。孟子不是这种人，尽管遭受了二十多年的冷遇，他还是初心不改，甚至愈挫愈勇。丧服期满之后，孟子又先后到齐国、宋国、滕国等继续推行自己的仁政主张，可惜理想很丰满，现实很骨感。到了七十岁的时候，本该退休的孟子还是不死心，到了魏国都城大梁（今天的河南开封市），寻找机会。

魏国迁都大梁之后，又称梁国。所以，魏国的国君也称梁王。梁惠王和其他诸侯国君一样，信奉功利主义。梁王之所以信奉功利主义，也有不得已的苦衷。当时，魏国已经从魏文侯时期的霸主地位急剧跌落——"东败于齐，西丧秦地七百余里，南辱于楚"。所以，梁惠王见了孟子第一句话就不客气地问："叟！不远千里而来，亦将有以利吾国乎？"老头，你不远千里来到我们这里，为我们国家带来什么好处吗？孟子虽然很心塞，但他还是善意地提醒梁惠王，如果魏国内外君臣上下都秉持利益第一的原则，那么魏国真是危险了！可是直到梁惠王死了，他的儿子梁襄王即位，孟子在梁国也一直没能施展仁政抱负。

之后，孟子回到齐国，在位的齐宣王给了他卿大夫的职位，但依然没有任用孟子治国。等到快八十岁了，孟子才对从政这条道路彻底死心。此时，他回到了故乡邹城，开始与弟子万章、公孙丑等人著书立说，撰写《孟子》一书。等到书差不多写完的时候，孟子的人生也走到了尽头，享年八十四岁。死生有命，一个人寿命多少本来不足为奇。但是鉴于孔子、孟子的崇高地位，他们两位的寿命却受到了后世格外的关注。孔子、孟子分别是在七十三岁、八十四岁去世的，后世因此流行一种说法“七十三、八十四，阎王不请自己去”。

与孔子相比，孟子的一生显得更加潦倒。至少，孔子在鲁国还当过大司寇，曾经在“夹谷”会上风光过一回，又主持了轰轰烈烈的“隳三都”计划(尽管失败了)；孟子呢，自始至终都没有什么像样的政治履历可言。孔子在世的时候，有三千弟子，七十二贤人，名闻诸侯，声动天下；孟子的弟子却少得可怜，像万章、公孙丑这样比较出名的弟子，似乎也没留下什么特别的德行、功勋。再说代表作品：孔子有六经，加上弟子编撰的《论语》，至少六七部经典都与孔子有关；而孟子却仅有一部《孟子》，而且只有七篇，总计三万多字。

孟子的“升格运动”

有些人的价值在活着的时候就被世人认识了，有些人则是死后不久才被发现，有些人则是要等到一千多年的历史积淀之后，才会流光溢彩。在开篇，我们提到，孟子与孔子齐名是唐宋以后的事情。司马迁在写《史记》的时候，专门写《孔子世家》，对孔子大书特书。到了孟子这里，《孟子荀卿列传》仅有区区两百多字描写孟子的生平。可见，当时的社会各界对孟子并不重视。一直到了汉朝末年，也就是孟子死后五百多年，才有赵岐出来为《孟子》一书作注。

赵岐死后，又过了五百多年，孟子才找到了他的知音。也正是这个人的出现，才让中国看到了孟子的伟大价值。他就是大名鼎鼎的韩愈，唐宋八大家之首。韩愈满腹经纶，有宰相之才，但是生不逢时，屡遭贬谪。他的时代，唐朝早就从鼎盛时期走向衰落，藩镇割据，政局动荡；举国上下崇信佛家、道家，儒家的地位则一落千丈。这个时候，韩愈挺身而出，以尊崇儒学、恢复古道为己任，力辟佛老，高呼仁义道德才是社会的正规。为此，他写了一篇大文章《原道》，来阐释自己的主张。这篇文章是韩愈一生中最有分量的文章，王阳明就曾说“其议论笔力，足以陵厉千古”。在《原道》中，韩愈明确指出：

> “夫所谓先王之教者，何也？博爱之谓仁，行而宜之之谓义，由是而之焉之谓道，足乎己无待于外之谓德……斯吾所谓道也，非向所谓老与佛之道也。尧以是传之舜，舜以是传之禹，禹以是传之汤，汤以是传之文、武、周公，文、武、周公传之孔子，孔子传之孟轲，轲之死，不得其传焉。”

这篇文章充分显示了韩愈的“道统论”。他认为，中国之所以为中国，有赖于仁义道德的维系，即能够博爱、行义、向道、守德。这种道统，自古有之，谱系也非常清楚，就是尧、舜、禹、汤、文王、武王、周公、孔子、孟子。孟子死后一千多年，是韩愈第一次将他抬高到与周公、孔子相提并论的地位。他甚至认为，孟子死后，中国的道统几乎中断了一千年，现在他自己要做的就是重新接续道统。

智者总是孤独寂寞的，尽管韩愈大声疾呼，但是并没有几个人认真理会他。唐朝灭亡之后，中国进入五千年历史上最最黑暗的时期——五代十国。在那个时期，父子兄弟相杀、朋友背后捅刀子、将帅凌辱部下妻女、士兵经常哗变、到处都在称王称帝……这些败坏伦常、令人发指的行为层出不穷，君不君，臣不臣，父不父，子不子，家不家，国不国。整个社会都不在乎仁义道德。伦常败坏之后，人间已经成了地狱，孟子所说的“庖有肥肉，厩有肥马，民有饥色，野有饿莩，是率兽而食人也”，不幸又成了事实。

所以，等到宋朝统一天下之后，人们才重新意识到，必须回到仁义道德的文化圈中。与此同时，韩愈的主张更是赢得了宋代士大夫的高度认同。因此，宋朝成为孟子和《孟子》一书升格的完成时期，有两件大事为证：其一，宋朝正式将《孟子》从子部文献提升到经部文献，《孟子》成为儒家十三经中的最后一部经；其二，南宋时期，也就是韩愈死后四百多年，朱子将《孟子》与《论语》《大学》《中庸》等合称“四书”，并作了《集注》。“四书”的地位，几乎超越了“五经”。《孟子》一书经过了大约一千五百年，获得了与《论语》

并称的地位。自元明起，“四书”更是成为科举考试的必读书目。宋朝已尊称孔子为“至圣”，到了元朝，朝廷便追封孟子为“至圣公”，孔孟正式并称，成为儒家最为知名的两大圣人。正因为如此，有学者将这一过程贴切地形容为孟子的“升格运动”。

有谁曾怀疑经典的穿透力吗？从邹城平平凡凡的老叟，到光芒万丈的儒家圣人；从近乎默默无闻的一本小书，到举世闻名的儒家经典，孟子与《孟子》一书等待了将近一千六百年。经典之所以为经典，正是经受住了岁月的考验。之所以拥有这种不可思议的魅力，正是因为那人、那书道出了世间最珍贵的道理吧。

仁政、民本

孟子作为儒家的代表人物，自然继承了孔子的学说，同时又有所发展。这里，我们仅仅举其仁政说与民本论，借以窥知孟子的主张。

在孔子那里，仁，更多的是一种修身的自我规范，很少和政治直接挂钩。孟轲掌握仁的要领后，进行了发挥，提出了仁政学说。什么叫仁政呢？最简单的理解就是爱民的政治。我们现在讲，为人民服务是政府的职责所在，这几乎是常识。然而，在两千多年前的战国时期，百姓多半都是诸侯用于称王称霸的棋子。

诸侯对待百姓就像对待牛马一样，想杀就杀，想砍就砍。孟子就说过：“今夫天下之人牧，未有不嗜杀人者也。”到处杀人已经成为那个时候的常态！可怜的百姓们或者拼命耕种，但收获的粮食绝大部分却都要缴公；或者被逼从军，基本上九死一生；或者运送军粮，在辗转途中死去的人不计其数；或者修建宫室、城墙，累死、饿死者难以胜数；或者不小心就触犯法律，枉死狱中；或者逃亡山谷，又为强盗所杀……今天，我国居民的平均寿命近八十岁，但是在春秋战国时期，据有关史料记载，那时候的人均寿命恐怕连三十岁都不到。

有一次，梁惠王因为先后战败于齐、楚、秦等国，便向孟子询问强国之术。孟子趁机系统地阐明仁政的主张：只要施行仁政，减轻刑罚，减少赋税，深耕细作，鼓励年轻人闲暇时孝顺父母、敬爱兄长，在家侍奉好父兄，在外侍奉好上级，这样的话，即便拿着棒子，也可以抗击秦国和楚国的坚甲利兵；而秦国、楚国经常打仗，妨碍百姓生产生活，让百姓来不及侍奉父母，结果导致父母在家饥寒交迫，兄弟、妻子和儿女也四分五散；秦国不得民心，百姓必然会起来反抗，到时去讨伐，他们自然无力招架；所以说“仁者无敌”！

客观地说，孟轲讲的确实在理。得民心者得天下，如果秦国不断打仗，又横征暴敛，肯定不得民心，最终必定会激起民变。孟轲说的是长远大计，事实证明，他确实料中了秦国的下场。秦国正是因为不加收敛，不行仁政，最终导致二世而亡的结局。贾谊就说：“一夫作难而七庙隳，身死人手，为天下笑者，何也？仁义不施而攻守之势异也！”然而，梁惠王是个急性子，心想着：“俺要你说如何让魏国马上强大起来，把齐国、秦国、楚国都给俺灭了！你倒好，站着说话不腰疼。人家都是坚甲利兵，你却要俺的将士拿着棒子去揍他们！你脑袋是不是锈掉了？”仁政说就此遭遇瓶颈，这也解释了孟子仕途上始终郁郁不得志的原因。

一方面，孟轲是孔丘老师的超级粉丝，对孔老师敬佩得五体投地，“孔子，圣之时者也。孔子之谓集大成。集大成也者，金声而玉振之也”。另一方面，孟轲也有些小叛逆，对孔老师的说法并不是完全赞同。孔子提倡“尊王”，提倡“君君臣臣”，对君主是极其拥护的。到了孟轲这里，针对当时战国的混乱变局，他发出了“民为贵，社稷次之，君为轻”的呼声。

按照前面的说法，战国是“军纵改”当道的时代。军人也好，纵横家也好，改革家也好，他们最大的共同点就是尊君贱民。民众在他们眼里不算什么，死一个人是死，死几十万人也是死，不过数字不同罢了；只要能够达到目的，获得成功，就能赢得君主的赏识，就能受赏封爵，就能扬名天下。他们认为：爵禄、赏罚都是君主给的，而民众无知、卑贱，不必放在眼里。

孟子却不这么认为，他引用《尚书》的说法“天视自我民视，天听自我民听”，认为民众才是第一位的！如果君主能够顺应民意，自然就是顺承天命，那么，百姓自然会服从于你；反之，假如君主虐民，那么民众造反也是天经地义。在孔子那里，即便君主有了过错，臣子也断然不可弑君，否则就会背负骂名。孟子却不怎么在乎这些，他是坚定的民本派。

有人说中国古代都是君主专制。其实只要读了孟子的“民本论”，就知道早在两千多年前，中国人就开始强调“民贵君轻”的思想了。有一回，齐宣王问孟子：“周武王伐纣，这不是以臣弑君吗？怎么可以呢？”孟子直接把他呛了回去：“如果一个人不仁不义，就会被叫作独夫。所以，我只听说杀了一个叫纣的独夫，压根儿就没听过弑君的事情。”齐宣王听了差点吐血……

在政治主张上，孟子一生都在倡导施行仁政，要以民为本，要与民休息。百姓要求的生活其实很简单：种上五亩的桑树，养蚕缫丝，五十岁的老人就有望穿帛制的衣服了；鸡啊、狗啊、猪啊的，都按时喂养，七十岁的老人就可以吃上肉了（那个时候物质水平太差，一般的百姓根本吃不上肉，或者供奉给长官，也可能被长官抢走，或者舍不得杀了吃肉，而是拿出去出售，买些生产、生活必需品。因此，对庶人来说，吃肉只是七十岁以上老人的特权）；一百亩的农田，只要按时生产，五口之家就可以不必忍饥挨饿；再穷不能穷教育，孩子们好好读书，也让大人们懂得尊老爱幼、长幼有序的道理，那么，头发斑白的老爷爷、老奶奶就不必自己背负重物在路上艰难行走了。

孔子的大同社会充满了强烈的理想色彩，几乎很难实现，但孟子的理想社会却并不遥远。他说：“能让七十岁的庶人百姓穿上帛制的衣服，还能吃上肉，能让一般的百姓饿不着、冻不着，这样的人就可以称王天下了。”即便如此，孟子的仁政说还是无用武之地。诸侯们你争我夺，频频征战，视百姓的生命如蝼蚁。百姓们不遑宁处，面对无情的战火，往往难逃家破人亡的厄运。人民群众连保命都是问题，又哪里顾得上讲究仁义呢？

孟子的民本思想影响很大，在后世也引发过争议。支持的一派就遵循以民为本的治国理念，小心翼翼地管理着国家。比如，唐太宗李世民就反复征引古人的话：“君，舟也；人，水也。水能载舟，亦能覆舟。”反对的一派则对“民贵君轻”说恨之入骨，怎么能让百姓骑在君主头上？“这孟老头的话，朕怎么就那么不爱听？”明太祖朱元璋就让人将《孟子》一书中类似大不敬的话通通删掉，甚至还曾经下令废除对孟子的祭祀。

时至今日，我们再来看孟子“民贵君轻”的思想，不依然具有宝贵的借鉴意义吗？我们党的根本宗旨是“全心全意为人民服务”，不正是对民本思想的继承与发扬吗？“下民易虐，上天难欺”，为官者如果还是不为民众做事，反而骑在民众头上作威作福，肯定会激起民众的反对。反之，为官者能够时刻念着百姓，“先天下之忧而忧，后天下之乐而乐”，百姓自然会真心拥戴。

《孟子》与中国人文精神

每个人都有自己的风格，孔子老师相对温文尔雅，自己话不多，也不太喜欢话多的人——话多的人，一不小心就成了巧言令色的人——在孔老师看来，这种人多半都不太靠谱。所以，木讷寡言，要么不说，要么就说到点子上，这种人最接近仁德之境了。孟子则不一样，读过《孟子》就会发现，经常是对方问一句话，孟子回复一堆话。梁惠王不过问了“叟不远千里而来，亦将有以利吾国乎”一句话十几个字，孟子就从“王何必曰利”，一直往下说，最后做个总结，还是“何必曰利”。这应该也是孟子的无奈之举，自己说话的机会不多，一旦有了就要多多表现。而且，话多也有话多的好处，有些道理，不是三言两语就能解释清楚的。

两千多年过去了，孟子的哪些话至今还在影响着国人呢？或者说，孟子的思想对塑造我们中华民族的人文精神到底发挥了哪些作用呢？

首要的便是他强调的忧患意识。他的“生于忧患，死于安乐”学说无疑是那个时代极具正能量的思想，尤其那凝练的表达，至今依然是脍炙人口的经典。比如“故天将降大任于是人也，必先苦其心志，劳其筋骨，饿其体肤，空乏其身，行拂乱其所为，所以动心忍性，曾益其所不能”，只此一句，便能为身处艰难困苦的人提供奋发向上的力量，也能给处在安逸环境中的人敲响警钟。艰难困苦，玉汝于成；人尚如此，国家亦然。所以，但凡遭遇挫折，甚至陷入生死存亡的关头时，更要以此自勉，不可丢失信心。

大家聊天的时候，时常会被问到：“你有什么特长？”通常的回答是：“打球”“钢琴”“美术”“围棋”“跆拳道”；还有的回答：是“吃”“玩”“睡”

之类。孟子也被问到这个问题，他却回答说："我的特长在于养我的浩然之气！"

什么是"浩然之气"呢？这种浩然之气，正大且刚强，只要用仁义和正道配合起来，就会充溢在天地之间。那个时候，人的每一根血管，每一丝毛发，身边的花、草、虫、鱼、鸟、兽等万事万物，无不浸润在人的浩然正气之中。孟夫子的"浩然之气"境界实在是太高妙了，让后世无比崇拜。唐朝有位叫孟浩的诗人，取字浩然，以表达对孟子"浩然之气"的钦佩。他后来也写出了很多佳句，譬如"气蒸云梦泽，波撼岳阳城""野旷天低树，江清月近人"，这也昭示出，胸中有浩然之气，才能在诗词上游刃有余。就连诗仙李白都对孟浩然赞不绝口，所作《赠孟浩然》诗云："吾爱孟夫子，风流天下闻。红颜弃轩冕，白首卧松云。醉月频中圣，迷花不事君。高山安可仰，徒此揖清芬。"

也是因为有了浩然之气，所以孟子的想法和世人并不相同。在"军纵改"当道的时代，很多人认为像公孙衍、张仪这些人才是大丈夫，才是世人最该效仿的榜样。做人就应该做这样的人，威名赫赫，万人敬仰，可以与诸侯分庭抗礼。对此，孟子却说：错了，他们这些人怎么能称得上大丈夫呢？大丈夫应当顶天立地，找到最中正的位置，行天下的大道——如能得志行道，就应该庇护百姓，如不能得志，就独善其身；还要做到"富贵不能淫，贫贱不能移，威武不能屈"——即便富贵，他也不因此骄纵妄为；即便贫贱，他也不改变自己的志向；即便遭受威胁，他也不会屈服。

事实证明，孟夫子说的才是人间正道。苏秦虽然显赫一时，配六国相印，最终还不是车裂而死？张仪也是当时威名赫赫的大人物，但是欺骗楚国，明明答应给楚怀王六百里土地，后来却说只答应了六里地；如此奸诈的小人，怎么能算得上是大丈夫？后来，秦国通过狡诈与武力灭亡了六国，统一了天下，但是由于对楚国多次诈骗，故此，楚国人对秦国极为痛恨，所谓"楚虽三户，亡秦必楚"。最后，秦国不正是因为陈胜挑起的大楚起义，群英荟萃，很快就被推翻了吗？真正的大丈夫一定是为国为民、关心天下人的痛苦、救黎民百姓于水深火热之中的人。为此，大丈夫也需要勇气，"虽千万人，吾往矣"，即便遇到千万人阻挡，面临千万种困难，也会奋不顾身。

在孟子的政治思想中，最宝贵的就是仁政和民本；在孟子的人生信念中，最让人动容的莫过于舍生取义了。谁不想荣华富贵？然而，如果这种荣华富贵要以背信弃义为代价，要以奴颜婢膝为代价，那么，即便得到了天下，又有什么价值呢？一个人哪怕饿得只剩下一口气，只要别人给他喂一小口饭，他就能活下来。不过，如果施饭的人像呼唤猪狗一样，让他来吃。那么，即便是饿死，他也在所不惜。有谁不知道生命的可贵？然而，如果不仁不义苟且偷生，那还不如舍生取义呢！这就是勿失本心。

受儒家文化的影响，中国人不信宗教，不会为偶像献身，不会为神献身，但是会为自己的理想、信念献身。孔子说："杀身成仁。"孟子说："舍生取义。"当国家领土遭受侵犯时，凡中国民众必定勇往直前，不成功，便成仁。当国家尊严受到侵犯时，凡中国民众必定舍生忘死，义不容辞。当山河破碎，国将不国时，文天祥不惧牺牲，"人生自古谁无死，留取丹心照汗青"。在他英勇就义之后，人们发现，他的衣带中藏着几行小字，算是他的绝笔了。衣带绝笔只有几句话：

"孔曰成仁，孟曰取义，惟其义尽，所以仁至。读圣贤书，所学何事，而今而后，庶几无愧。"

小　结

身处"军纵改"当道的时代，孟子的一生显得栖栖惶惶，并不起眼。但这又有什么关系呢？如孟子所说："穷则独善其身，达则兼善天下。"他是幸运的，虽然不能拜倒在孔子门下，但是他私淑于孔子，早就把孔子作为自己最敬仰的老师了。孟子说过："观于海者难为水，游于圣人之门者难为言。"在有生之年，能学习并弘扬孔子的学说，真是三生有幸。孟子也是快乐的，他说只要有三种快乐，就能让他君临天下，决不会与人交换。这三种快乐分别是：父母、兄弟都安然无恙，自己还有尽孝悌之道的机会；仰不愧于天，俯不怍于人，无怨无悔，光明磊落；得天下英才而教育之，深得教学相长的快乐。

历史雄辩地证明，孟子才是孔子思想的最佳继承者。他成功地将孔子的仁爱学说打造成了仁政理论，施行仁政才会“仁者无敌”。他将孔子的爱民思想，进一步挖掘、丰富，产生了“民为贵，社稷次之，君为轻”的理论。孔子之外，他是当之无愧的“亚圣”。

尽管没人理解，尽管遭遇苦难，孟子也不曾去羡慕、奉承别人，做人做得坦坦荡荡、问心无愧。他的精神为中华民族点燃了希望之火，他的思想也永远照耀在神州大地的上空。“生于忧患，死于安乐”“天将降大任于是人也”“浩然之气”“富贵不能淫，贫贱不能移，威武不能屈”“虽千万人，吾往矣”“舍生取义”等，无不熠熠生辉，经受了时间的考验，照亮了他的时代，也成就了中华文明的卓越与荣耀。

推荐阅读

阅读篇目：

《史记·孟子列传》、韩愈《原道》、《宋史·文天祥传》等。

阅读书籍：

1. 杨伯峻:《孟子译注》，北京：中华书局，2016年。
2.《四书》，王国轩等译，北京：中华书局，2007年。
3. 周予同:《群经概论》，北京：中国书籍出版社，2006年。
4. 焦循:《孟子正义》，北京：中华书局，1987年。

荀子：三为祭酒，大醇小疵

在时代的滚滚洪流面前，个人的存在往往显得十分渺小。就战国那个动荡的时代而言，动辄就会发生上百万人的大规模会战，一个人既能活下来，又能为后人铭记，本身就是奇迹。既然能够让后人铭记，反过来讲，也说明这个人有足够的能量影响他所处的时代，这就是传说中的时势造英雄，英雄也造时势吧。不过，我们今天要讲述的不是一名英雄的故事，而是一位老师的传奇。

春秋时期，最负盛名的老师，莫过于孔老夫子——三千弟子，七十二贤人，无人能出其右。战国时期，最负盛名的老师，莫过于荀子。奠定他这一历史地位的原因有两个。其一，弟子虽不多，但名声极其响亮。韩非同学后来成为法家的集大成者，他的学说令秦始皇为之倾倒；李斯同学则成为大秦帝国的丞相，可谓“一人之下，万人之上”。其二，荀子活得足够长，据说有一百来岁，史书上说他“三为祭酒，最为老师”。

三为祭酒，最为老师

“三为祭酒，最为老师”出自《史记》，原话是“田骈之属皆已死，齐襄王时，而荀卿最为老师。齐尚修列大夫之缺，而荀卿三为祭酒焉”。祭酒当时还不是官职，一般是主持礼仪的长老，结果，荀子一次又一次地充当祭酒的角色。最为老师指的是他资格最老，当稷下学宫那批老先生一个个都歇菜了，人们发现荀子“还活着”“还没死”“他还在”……无敌也是一种寂寞，长寿也是一种孤独。

荀子，名况，字卿，赵国人。大家如果读汉代的书籍会发现，一般不把他叫作荀卿，而是孙卿，他的书也是叫作《孙卿子》，这主要是避汉宣帝刘询的讳。关于他的生卒年，史书根本没有明确记载。迄今为止，学界也没有什么统一的意见。网上莫名其妙地列出他的生卒年，言之凿凿，这只能让人哑然失笑了。

根据相关史书，对荀子的年龄，我们至少有两种推断。

推断一：

《史记·荀卿列传》：荀子 50 岁到齐国游学，时为齐湣王末年。

《盐铁论·毁学篇》：因为李斯做了秦国的丞相，荀子很不开心，闹绝食。

《史记·李斯传》：李斯做丞相在秦始皇统一天下之后。

《史记·六国列表》：秦国统一天下距春申君之死相差 18 年，距齐湣王之死相差 64 年。

结论：荀子年龄当在 114 岁以上。

推断二：

《史记·荀卿列传》：荀子 50 岁到齐国游学。

刘向《别录》：荀子在齐宣王的时候到齐国稷下学宫游学，后来在楚国做官，春申君死后，荀子才退隐。

《史记·六国年表》：齐宣王末年距春申君之死相差 87 年。

结论：荀子年龄当在 137 岁以上。

也有学者说司马迁他们都搞错了，荀子不应当是“50 岁”到齐国游学，而是“15 岁”到齐国游学。原因在于游学应当是少年发生的事情，不应当是到了 50 岁再去游学。如果按照史书的记载，如上推论，荀子未免太长寿了，当然不可信。所以说，有时候人活得太久也是罪啊，容易遭人疑心。

荀子生平

关于荀子的人生轨迹，《史记》的记载少之又少，《荀卿列传》也不过只有两百字左右。好在根据《荀子》及其他书籍，我们还可以大概了解他的一生遭遇了什么。

荀子所处的年代已经是战国末年，兼并战争由高潮走向跌落，最终由秦国一统天下。由于活得够长，所以荀子的一生经历了太多惊心动魄的大事。

比如“齐燕大战”，齐国还没从“桂陵之战”和“马陵之战”大败魏国的胜利中回过神来，乐毅总司令就率领以燕国为首的联合国军，浩浩荡荡，势如破竹，迅速攻占了齐国几乎全部领土，仅剩下莒和即墨两座小城。齐国后来虽然复国了，但是国力已消耗殆尽。继小魏选手倒下后，小齐同学在战国争霸的对抗赛中提前离场，止步于半决赛。第三个有望争夺冠军的小赵同学还在摩拳擦掌，准备一统天下，不料因为遭遇了大秦这个劲敌，在长平之战中，六十万赵军被完虐，投降的四十万赵军精锐还被坑杀了。经过这场惨绝人寰的大屠杀之后，赵国一败涂地，从争霸转向了保命。最后成功杀入决赛的选手只有两名：大秦和大楚。楚国号称有百万雄兵，可还是禁不住秦国虎狼之师的乱咬猛啃，不幸败北。

所以，我们的主人公荀卿的人生，基本上是在赵、齐、秦、楚等国家的周游中度过的。荀子是赵国人，但是赵国疆域较大，相当于今天河北省西南部、山西省中北部一带，具体的荀子故里难觅踪迹。我们姑且认为，荀子早年当在赵国游历。

赵国号称“四战之地”，东北有东胡、燕国，南方有强大的魏国，西方则有虎视眈眈的秦国。为了尽快强大起来，赵武灵王勇于改革，胡服骑射，率先完成从车战、步战到骑兵作战的转变。正是在他的带领下，赵国西破林胡、楼烦，北灭中山，拓地千余里，正式奠定了强国地位。后来，赵惠文王即位。

因为任用了平原君赵胜、廉颇、蔺相如、赵奢等贤人，所以一时之间赵国风头颇盛。可惜到了赵孝成王在位时，经过长平之战等挫败，赵国开始衰亡下去。

彼时风气，军事当以西部为强，文教还属东方为盛。鲁国已经奄奄一息，马上就要被楚国灭掉，只有齐国首都临淄的稷下学宫才是当时全中国的学术与文化中心。简单地讲：春秋时期，礼乐在鲁；战国时期，文教在齐。所以，我们能数得上来的战国时期的诸子多数都与稷下学宫有关。稷下学宫几乎囊括了诸子百家的各个学派，前后慕名而来的学术大腕络绎不绝，陆续到达的著名学者就有孟子、淳于髡、邹衍、田骈、慎到、申不害、接子、季真、涓子（环渊）、彭蒙、尹文子、田巴、鲁仲连、驺奭（zōu shì）等。荀子只是其中一员，当时还没有什么过人的事迹。

战国之所以为战国，正是因为随时可能发生战乱。稷下学宫好景不长，不久就迎来了灭顶之灾。齐湣王虽然依靠穷兵黩武鼎盛一时，甚至与秦国互相称帝，齐叫西帝，秦叫东帝；到了晚年，仍然不恤百姓，终于导致内忧外患；最后，乐毅带领以燕国为主的联合国军差一点让齐国寿终正寝。齐湣王出逃，最后为乱兵所杀。鉴于齐国的衰落，盛极一时的稷下学宫也不能维持。学者们逃的逃，散的散，死的死，伤的伤。

荀子确曾劝谏过齐湣王，奈何齐湣王不可一世，不听忠言。齐国被攻破之后，荀子逃到了楚国。齐国与楚国本来不接壤，后来楚国强大，一路北侵，把鲁国等小国一起灭掉了。所以，战国中晚期，齐楚两国成了邻居。彼时齐国命悬一线，居然峰回路转，田单将军死守之下，世人见证奇迹的时候到了——齐国竟然以莒和即墨区区两座小城，成功抵御了乐毅率领的联军侵略，实现了复国的惊天大逆转！齐襄王即位之后，又重修了稷下学宫，荀子被请了回去。物是人非，等荀子回到稷下学宫的时候，发现以前的论辩学者基本上都不在了。所以后人说荀子“三为祭酒，最为老师”。

在齐国没待多久，荀子就遭小人谗言，被迫离开了齐国，又跑到了楚国。楚国当时是春申君为相。春申君为了笼络贤能，让荀子做了兰陵令。兰陵本来是鲁国的一部分，后来鲁国灭了，就归了楚国，大概在今天山东省枣庄市管辖范围内。可惜了“兰陵”这么曼妙的名字，后来居然被活生生地改成了

“枣庄”！荀子兰陵令的座位还没焐热，楚国就有人给春申君进谗言，说荀子可能会谋反。荀子也是醉了，心想：“我都这么一大把年纪，还怎么谋反？此处不留爷，自有留爷处。”此后，荀子回到了母国赵国。赵国是功利主义盛行的国家，根本听不进荀子礼治那一套。无奈之下，荀子渡过黄河，到了最西边的秦国寻找机会。

每一个儒家大咖似乎都会遇到一个君主的奇葩问题：卫灵公那么一个小国，偏偏不自量力，追着孔子问该怎么打仗，致使孔子心灰意冷，离开了卫国；孟子不远千里来到梁国，梁惠王第一句话就问：“叟不远千里而来，亦将有以利吾国乎？”你这么远来，对我国有什么好处吗？荀子自然也不能例外。到了秦国，秦昭王劈头盖脸就问他：“儒无益于人之国？”儒者对治理国家是不是没有什么用？荀子憋住了一肚子委屈，还是用“法先王，隆礼义”等加以回应，心里已经十分清楚秦国这地方肯定待不下去了。

由秦国返回赵国，荀子似乎可以就此安享晚年。可就在这个时候，楚国的说客又给春申君进言，意思大概说荀子那么一个贤人，不留在楚国，留在他国肯定会坏事，还是请他来楚国做官，这样才对楚国最有利。说客这厮看来脸皮真是厚到家了，有此等反复小人，楚国不亡才怪。荀子年事已高，自然推托不去。春申君不愧“战国四君子”的称号，不知道通过什么手段，硬是把荀子又请到了楚国，还继续让他做兰陵令。此时，荀子也清楚兰陵令只是虚名罢了，不可能有什么作为。没过多久，楚国灭亡，秦国一统。平时名不见经传的弟子李斯居然成了秦始皇的丞相，这让荀老师非常愤怒，与虎狼为伍，鲜有善终。只是鞭长莫及，由他去好了。由于年龄太大，也懒得搬家，荀子最后客死兰陵。

大醇小疵

荀子是孟子之后名声最为显赫的大儒，但是从秦汉到明清，两千多年里，荀子一直没有取得儒家圣人的地位，《荀子》一书也一直稳稳地屈居于子部之中，从未被拔升到经部的第一梯队。不仅如此，很多正统的儒家学者都对荀子不屑一顾，《荀子》一书的知名程度也远远不足与《春秋》《论语》《孟子》等相提并论。秦汉以降，研究《春秋》《论语》《孟子》等经书的人多如牛毛，《荀子》这边的风景却是无限凄凉。

直到唐朝，杨倞（jìng）才为《荀子》一书作了注解，其时距荀子的时代已有千年之隔。唐代大儒韩愈也试着为荀子说了一些好话，比如“考其辞，时若不粹，要其归，与孔子异者鲜矣，抑犹在轲、雄之间乎？”意思是：《荀子》这本书虽然不纯粹，但是大体还是遵从孔子之道，大概能排在孟子、扬雄两位大儒之列吧！韩愈还说道：“孟氏，醇乎醇者也。荀与扬，大醇而小疵。”即荀子虽然不能和孟子媲美，但是大体上也是纯粹的，不过略有瑕疵罢了。也正是有了韩愈“大醇小疵”的评价，才为荀子争回了一些面子，让世人对《荀子》一书也略加注意，“哦，还有《荀子》这本书啊！”然而，世人的了解基本上也就止步于“知道”的地步了。弹指一挥间，又过了一千多年，已经到了二十世纪末期，长沙一位大儒王先谦才专门作了二十卷的《荀子集解》。《荀子》一书这才真正引起世人的重视，散发出了久违的光芒。

我们不禁疑惑：既然是大儒，为什么荀子在后世遭到如此冷落？主要原因无非有二。其一，他的名声被韩非、李斯两位学生给拖累了——韩非，后来成为法家的集大成者，和儒家对着干，这怎么了得？李斯，是秦始皇的丞相，秦朝穷兵黩武，横征暴敛，李斯作为丞相，不能逃脱干系；再后来，李斯又参与沙丘政变，阴谋帮助胡亥篡位，最终也落得腰斩族诛的下场。别人当然会觉得：堂堂的大儒怎么教出这种乱臣贼子呢？看来，荀卿这老头那里没有什么正经的东西，根本不值得学习。其二，则和荀子本人的思想有关。正统的儒家都是讲人性本善的，因为人性本善，所以教育者才能开发出善心，教得好学生。可是荀子偏偏认为人性本恶！这不是公开和孔子、孟子叫板吗？这种人怎么能算儒家？他的书不读也罢。

接下来，我们就要思考：荀子的性恶论该如何解读？在搞清楚性恶论之前，我们先要明白什么是性善论。《孟子》书中曾说：“孟子道性善，言必称尧舜。”对于性善，孟子讲得很清楚：“恻隐之心，人皆有之；羞恶之心，人皆有之；恭敬之心，人皆有之；是非之心，人皆有之。恻隐之心，仁也；羞恶之心，义也；恭敬之心，礼也；是非之心，智也。”恻隐、羞恶、恭敬、是非这四种心，就是仁、义、礼、智的心，是人生下来就有的。他还举个例子说，你看到一个孩童爬到井口快要掉进去淹死了，你肯定会立即去救他。救他的时候，你是因为想要得名得利吗？会是因为被什么法律强迫吗？都不是，而是因为人都有恻隐之心，换了谁遇到这种事，都会马上救起这个孩童。此所谓“性本善”。

我们的荀卿同学却不这么认为，他在《性恶篇》中开头第一句就说：“人之性恶，其善者伪也。”人生下来就是罪恶的，他们那些善良的行为都是后天人为的。不知道在写这句话的时候，荀卿是不是感到特别惬意，一下子就标明了立场。然而，他不曾料到，也许正是因为这句话，他几乎被主流儒家钉在了历史的耻辱柱上，长达千年之久。在《性恶篇》中，荀卿还大胆地、指名道姓地说孟子的“性善论”如何谬误；说正是因为人性本恶，所以古圣先王才要用礼义和刑法来管理天下，假如没有君主、礼义、刑法，你去看天下人的作为，肯定是互相争抢，纷乱不休；所以说，人性本恶，孟子他讲错了！这么明目张胆地攻击孟子，后世的儒家怎会容得下荀子？好在荀子还讲些礼义，没有完全自绝于孔孟。

有才学的人往往都有几分傲气，荀子也不能免俗。但是傲气归傲气，总要有些分寸。除了攻击孟子之外，荀子还写了一篇文章，题目就叫《非十二子》。骂一个人还不过瘾，一口气还要骂十二个！它嚣、魏牟、陈仲、史鳝（qiū）、墨翟、宋钘（xíng）、慎到、田骈、惠施、邓析、子思、孟轲等人全部躺枪。这些人都是当时的贤能，各有所长，颇为世人尊重。等他们都挂了，荀子再一个个骂，是不是有些不厚道。也有人说，荀子没有骂子思、孟子，子思、孟子的那段文字是李斯他们添加上去的。当然，这只是一种维护罢了。不管是十个也好，十二个也罢，荀卿同学连续批评了这么多人，不仅当时的人不待见他，就连后世的人也多半对他敬而远之了。现在看来，这件事还是有些匪夷所思，荀子实在没必要骂人，难道是年龄大了，犯糊涂了？要不然，就只剩下最后一种可能：荀卿难道是骨灰级的处女座？

尊孔子，小五霸

上文中，我们提到荀卿不少污点。这些想必韩愈也十分清楚，可他为什么还认为荀卿“大醇小疵”呢？照荀子的架势发展下去，不应该是“大疵小醇”吗？我们不妨来看看荀卿到底“醇”在哪儿。

在《非十二子》中，荀卿把“十二子”痛痛快快地都骂了一番，这个不行，那个也不行。那么，难免有人就急了：“我们都不行，就你行？”荀子以为，他们十二位确实都不行，我们现在要做什么事呢？“上则法舜、禹之制，下则法仲尼、子弓之义，以务息十二子之说。如是，则天下之害除，仁人之事毕，圣王之迹著矣。”闹了半天，荀卿不是为了抬高自己，而是要尊崇孔夫子啊！这下大家该住嘴了，因为孔夫子的名声与地位摆在那儿，谁还敢说个“不”字儿？问题是，你荀况还是不厚道，你尊孔就尊孔嘛，何必拐了一个大弯，骂了这么多人呢？

看来是一场误会。荀卿很清楚自己的儒者立场，就是有些人绝对不能骂，比如尧、舜、禹，比如周公、孔子。不仅不能骂，还要想着法子弘扬他们的教义，如此才能让仁义之说通行天下。在这一点上，荀子的思想与孔子、孟子非但没有冲突，反倒是一脉相承。

荀子在《仲尼篇》中开头便说：“仲尼之门人，五尽之竖子，言羞称乎五伯。”意思是，凡是孔子的门人，哪怕是身高五尺的小孩子，都以称赞五霸为可耻的事情。五霸指的是“春秋五霸”，即齐桓公、晋文公、宋襄公、楚庄王、秦穆公五位。这些君主都是春秋时响当当的一号人物，但是儒家以为，当以仁爱与礼义治理天下，而不是通过战争与诈术夺取天下。故此，齐桓公、晋文公等人的霸业不过是过眼云烟，实在不值得称赞。春秋五霸尚且可耻，何况是战国七雄呢？儒家继承的是先王之道，谋划的是百姓福祉，自信可以为后世立法。因此，别看这些诸侯国君一个个好像风光无限，可是，他们赢得了天下，却输掉了民心，又有什么好称道的呢？

孔子讲治理大国要“节用而爱人，使民以时”，孟子提醒世人“民为贵，社稷次之，君为轻”，荀子又反复提及“君者舟也，庶人者水也。水则载舟，水则覆舟”，孔、孟、荀三者这种思想脉络上的接续关系昭然可见。尊孔子必然小五霸，信奉儒家学说必然不会随波逐流，不会以时人之是非为是非，不会以时人之好恶为好恶。韩愈正是抓住了荀子的主流思想，所以才敢于说荀子“大醇”。

荀子与礼治

任何学说与思想都不是一成不变的，时代在变，学说自然也会随之做出相应的调整。孔夫子开创的儒学到了荀子这里，其最大的变化，除了“性恶论”的出现之外，便是增加了重视法治的内容。荀子本人对法治就比较推崇，对如何辅佐君主也别有心得，不然他的弟子韩非也不会另立门派，壮大了法家，他的另一个弟子李斯也不会从他这里学得帝王之术，最后成功登上秦始皇的丞相宝座。变归变，但是核心的内容容不得有丝毫变更，不然就动摇了整个门派的根基。儒门的根基之一就是礼治。

有学者认为：“吾人如谓荀子集先秦礼论之大成，似无重大之错误。”荀子对于礼治可不是顺带说说而已，在《荀子》一书中，就有一篇《礼论》来特意讨论礼治问题。他指出：“礼有三本：天地者，生之本也；先祖者，类之本也；君师者，治之本也。无天地，恶生？无先祖，恶出？无君师，恶治？三者偏亡，焉无安人。故礼，上事天，下事地，尊先祖而隆君师，是礼之三本也。”他的礼三本思想后来就被总结为大家熟悉的“天地君亲师”。礼治一下子被抬高到“天地君亲师”的程度，其重要性也就不言而喻了。

荀子还特别强调礼治的功效，说“天下从之者治，不从者乱；从之者安，不从者危；从之者存，不从者亡”。认为想要治理好国家、天下，没有其他捷径可选，只有靠礼治。一般人可能会误以为荀子是尊君的，而不是贵民，其实大不然！荀子说过：“天之生民，非为君也；天下立君，以为民也。”上天生民不是用来伺候君主的，反过来，上天设立君主是用来服务百姓的。

就在战国诸侯崇尚武力、热衷厮杀的时候，荀卿反倒喊出“国无礼则不正”的呼声。主张想要治理好国家，必须“隆礼义”，让贵贱有序，百官、工商、农夫都各得其所；大家都守好自己的岗位，反思自己有无尽忠职守。君主有君主之责，而非任意妄为，虐使百姓；百官有百官之责，尽心为国，不要心存侥幸；工商、农夫有工商、农夫之责，努力生产，各司其职。有了礼义，从诸侯到庶民，就知道该做什么，不该做什么。为人君主更要爱民、好士，如此百姓安乐，大家能守礼重义，还用发愁治理不好国家吗？

礼治的目的很简单，不过是“养民”二字罢了。统治者少征点儿税，少打点儿仗，别瞎折腾，让老百姓安安生生过日子，自然而然就太平了。做官的人本本分分做官，赏罚分明，贵贱有序，不要钩心斗角，朝廷内外自然而然也就团结一致了。“礼者，养也”，不要只顾着吹嘘自己国土有几千里，带甲之士有几十上百万，也要顾着百姓的死活，总不能让他们一年到头饱受饥寒交迫的痛苦吧？

承先启后，一肩八脉

就整个中国古代历史来看，荀子不太受人们待见。但是，他在经学史上的地位又特别重要。有人说：“盖自七十子之徒既殁，汉诸儒未兴，中更战国、暴秦之乱，六艺之传赖以不绝者，荀卿也。”荀子所处的时代（战国末年）非常特殊，春秋末期到战国早期，孔子亲授的七十子之徒先后谢世，汉代的大儒都还没有出生，中间战国纷争，秦国焚书坑儒。正是在这种背景下，能够保存并弘传孔子六经之学的重任就落在了荀子身上。

有人的地方就有江湖，有学说的地方也不例外。孔子确立的六经除去失传的《乐经》，只有五经而已。五经在流传过程中又分化成了各个派别，恰如江湖上的各大门派。这些门派虽然同根同源，但是互有长短。在汉朝，五经门派大概有十几家之多。

《诗经》先后有齐诗、鲁诗、韩诗、毛诗四个流派。其中，传鲁诗的申公是荀子的再传弟子，所以鲁诗当由荀子所传。韩诗这一派虽然师承不清楚，但是《韩诗外传》有四十四处都与《荀子》重合，也可以看成荀子传播的一支。毛亨是荀子的弟子，毛诗自然也由荀子所传。要之，如果没有荀子，那么四家《诗经》，有三家可能都会中绝。齐诗门派估计要扼腕了，“我们恨荀子”……

《春秋》分为三传，即《春秋公羊传》《春秋穀梁传》《春秋左传》。其中，《春秋左传》的传授谱系中，正是荀卿传给了张苍，张苍又传给了贾谊。如果没有荀卿，《春秋左传》能否自成一派都是问题。《春秋谷梁传》的传承人瑕丘江公受业于师傅申公，申公是荀子的再传弟子，那么瑕丘江公就是荀子的三传弟子。所以，《春秋穀梁传》这一派也是荀子所传。

《礼记》作者有戴德、戴圣叔侄两人之别，是为《大戴礼记》《小戴礼记》。后人惊讶地发现，《大戴礼记》有几篇都抄自《荀子》一书，而《小戴礼记》中的多篇文章也都和《荀子》书中的《礼论》《乐论》内容极其相似。故此，《大戴礼记》《小戴礼记》应当也是荀子所传。

汉代大儒刘向曾经说，荀子精通《易经》。由此可以反推，荀子在《易经》的流传上也有过突出贡献。

综上所述，汉代经学众多门派之中，荀卿遍通群经，很有可能一肩挑起了八大派的血脉。儒家不过才十几个门派，其中荀子一人就相当于做过八大门派的掌门。资历之高，简直让人瞠目结舌！

此外，荀子本人对继承孔子学问本身就存在高度自觉。《论语》有二十篇，首篇叫《学而》，末篇是《尧曰》。《荀子》一书有二十卷，首尾两篇分别为《劝学》《尧问》。我们当然不会天真地以为：“天呢，这么巧！”

小 结

荀子，一位被错过的圣人。他似乎太想成为圣人了，也和孔老夫子有太多相似的地方。孔子确立了五经，荀子呢，五经烂熟于胸。孔子一生都在游说诸侯以礼治国，荀子又何尝不是如此？孔子讲“学而时习之，不亦说乎”，为儒家树立了一个快乐的学习者的形象。《荀子》一书的第一句话是“学不可以已”，为儒家树立了“活到老，学到老”的典范。

假如不是受李斯、韩非两个弟子拖累，假如不是因为他用“性恶论”攻击孟子的“性善论”，或者孟子自始至终都没有被提升到儒家圣人的地位，假如他当时没那么冲动，一下子骂了十二个人，荀子是不是也会像圣人一样为后世景仰？然而，历史又没有那么多假设、如果。

作为先秦时期的最后一位大儒，荀卿“三为祭酒，最为老师”，在当时堪称泰山北斗级的学术大咖！在烽火连天的岁月，他以老朽的身躯，不辞辛苦地四处奔走，重新扛起礼治的大旗，“国无礼则不正”“礼者，养也”，想要挺立起民众的尊严；“君者舟也，庶人者水也。水则载舟，水则覆舟”，试图劝说君以民为重，以礼治国。可惜，古往今来，智者的声音总是太容易湮没在时代的喧嚣之中。

所幸，一千年以后，和荀子同样落寞失意的韩愈，没有任其淹没尘埃，而是重新发现了荀子的价值，给予了他“大醇小疵”的公允评价。稷下方倾，兰陵已逝。二螯六跪，躁蟹无能为穴；一肩八脉，硕儒有功传经。荀子特别像他《劝学篇》中的蚯蚓形象，蚯蚓多半隐藏在地下，不像王侯将相如同大螃蟹般张牙舞爪、威风一时，但是它锲而不舍、一心一意，照样可以“饮尽岭头千古露，踏遍江山志未残”。

推荐阅读

阅读篇目：

《史记·荀卿列传》《荀子·劝学》《荀子·性恶》《荀子·非十二子》《荀子·礼论》，韩愈的《读〈荀子〉》、汪中的《荀卿子通论》等。

阅读书籍：

1. 李波:《荀子注评》，上海：上海古籍出版社，2016 年。
2. 王先谦:《荀子集解》，北京：中华书局，2013 年。
3. 韦政通:《荀子与古代哲学》，台北：台湾商务印书馆，1992 年。
4. 萧公权:《中国政治思想史》(上册)，北京：商务印书馆，2011 年。
5. 皮锡瑞:《经学历史》，周予同 注释，北京：中华书局，2004 年。

老子：超乎人文，可道非道

在先秦诸子之中，要说长寿，老子称第二，绝对没人敢称第一。《史记》就记载，一说老子活了一百六十多岁，二说老子活了两百多岁。这种寿命别说在先秦两汉难以置信，就是拿到今天，也够吓我们一跳的。话既然都这么传开了，也不是无稽之谈。因为老子本人就擅长修道养生，几乎是养生的祖师爷了！

天外有天，人外有人。我们都说，孔子是中国传统文化的第一把交椅，可孔子还曾经向老子他老人家学过礼。所以，老子的段位肯定不在孔子之下。在当时，老子的存在就是一个谜，孔子都曾称叹老子神龙见首不见尾。在后世，老子的存在更是一个传说，人们把他奉为道教的创始人，号称“太上老君”，遇到妖魔鬼怪，念几句“太上老君急急如律令”就可以降妖除魔。盛世大唐都把道教作为国教，堂堂皇室愣是把老子当成自家祖宗供奉起来……

言归正传，老子究竟是何方神圣？

老子到底是谁？

老子到底是谁？关于这个问题，两千多年前，司马迁在写作《史记》的时候就非常苦恼！他一会儿说，老子就是李耳，字聃，又叫老聃，是周朝守藏室的一名史官，家在楚国苦县厉乡曲仁里——这个地名也非常奇葩，楚啊，苦啊，厉啊，怨念重重，苦难万端，仁算是美德，这个偏又是曲仁，怎么看都感觉像一个充满了穷苦与哀怨的地方——一会儿又说，老子就是老莱子；一会儿还说，周朝的太史儋就是老子，孔子死后一百多年，太史儋还拜见了秦献公。

司马迁的时代离老子还近一些，他尚且无法确定老子是谁，后人辩来辩去，更争不出一个所以然来。我们姑且认为，老子就是老聃，就是李耳同学。在先秦时期，一般称某子都是和姓氏挂钩的，比如孔子、孟子、荀子、墨子之类。按照这个逻辑，李耳该称什么？可谁又听过，先秦诸子中间有一个叫李子的？既然不叫李子，而是叫老子，看来李聃同学除了耳朵很大之外，就是年龄太大了，老是不死，所以叫他老子吧。

对于“老子具体是哪一个老子”，大家都不能断定，所以想要搞清他的生卒年，越发不可能了。大家只知道，当年孔子去周朝首都洛阳游历的时候，专门向李耳请教过礼的学问。所以，他也是孔老夫子的老师。这次请教似乎并不顺利，孔子快要离开的时候，老子赠予他的忠言几乎是赤裸裸的批评：“孔丘啊，你不要有骄气，不要多欲，你现在的神色和志向都要不得，对你没什么好处。你走吧，我能告诉你的，不过如此。”

孔子听了之后，也没什么表态。回去后，他对弟子说：“鸟、兽、鱼、虫的习性我都知道，也都能抓到他们。可对于龙这种生物，它乘云直上青天，我一点儿办法都没有。老子大概就像龙这种风格的人吧！”看来，孔子对老子的学说还是持保留意见的，他俩不是一路人。果不其然，等到后来，老子写《道德经》的时候，就专门说：“夫礼者，忠信之薄，而乱之首。”儒家都是提倡礼治的，老子却反对礼治。因此，尽管有孔子问礼于老子的友好传统，但是后世很多儒者还是对道家极其不爽，儒道两家也经常争得死去活来。

在东周待的时间久了，老子也明白周朝江河日下，难逃衰亡的劫数。东南西北四个方向，也只有一直往西，西出秦国之后，应该就没什么战乱了。就在老子从洛阳出来，路过函谷关的时候，一个叫尹喜的小官拦住了他。尹喜可能早就听闻老子乃绝世高人，学问奔逸绝尘，能从他那里学点东西，也够一辈子受用了，“您老人家要出关也成，总得给俺写本书，俺才能放您过关！”老子当了一辈子史官，什么样的知识、哲理不晓得，只是喜欢清静无为，所以不愿意做那种著书立说的俗事。奈何拗不过尹喜的三番五次敦请，老子无奈之下，就写了五千字的东西，算是交了差，这就是中国历史上最伟大的名著之一《道德经》。从那以后，江湖上基本没什么人听过老子的传闻。

也幸亏老子留下了这五千字的东西，世人才依稀见得他学问的真面目。老子才写了五千字，可后世研究这五千字的文章、图书数不胜数。区区五千字，很多人如获至宝，甚至耗尽一生加以研究。不仅中国人视若珍宝，后来《道德经》也被翻译成多国文字，发行量之大，据说仅次于《圣经》。

道可道，非常道

《道德经》开篇就说："道可道，非常道。名可名，非常名。"先秦诸子中，从来没有人像老子一样特别爱讲"道"这个字，也从来没有人像老子一样把"道"讲得——好像明白了，好像又完全不明白。给人感觉，这个"道"吧，似乎是可以用言语表达的，可是一旦用言语表达出来，就不是那个大道了。名也是如此。

类似的表达在佛家的《金刚经》中也有出现："佛说般若波罗蜜，即非般若波罗蜜，是名般若波罗蜜。"般若波罗蜜是梵文，般若意思是智慧，波罗蜜是到彼岸的意思，合起来就是智慧到达彼岸。般若波罗蜜太重要了，又太难理解了，所以三藏法师鸠摩罗什在翻译的时候相当于没翻译，保留了"般若波罗蜜"这个音译。

道也好，般若也好，反正都是类似宇宙真理的意思。不好琢磨，就像雾里看花，有个朦胧的印象罢了。我们又不得不说，老子的了不起之处首先就体现在"道可道，非常道"这六个字上面。当孔孟他们还在累死累活地谋求改变现实的政局，老子已经开始参悟宇宙的真理了。

道究竟是个什么东西呢？老子说："道之为物，惟恍惟惚。惚兮恍兮，其中有象；恍兮惚兮，其中有物。"怎么恍恍惚惚的，搞不明白？老子又说："窈兮冥兮，其中有精。其精甚真，其中有信。"道看上去恍恍惚惚的，却又分明可信。所以，和高智商的人对话非常困难，讲了半天还是容易把自己绕进去。

老子也有正常说话的时候，比如说："金玉满堂，莫之能守；富贵而骄，自遗其咎。功成，名遂，身退，天之道也。"人生到了一定境界，就要功成身退。金玉满堂、荣华富贵，人人都想要，但是又有几个人能守得住呢？该退就要退，这就是天道！老子是周朝的史官，自然对周朝的历史典故谙熟于心。

在周朝历史上，真正能功成身退的没几个人，周公算是悟得此道、功成身退的典型，当时，周公荡平“三监之乱”，又制礼作乐，辅佐成王治理天下，等到成王长大后，及时致政成王，移交权力。最后，周公大名天下闻，在后世也是为人臣子的最高典范。

《道德经》文字虽少，但是极度凝练，读起来也朗朗上口。行家一出口，便知有没有。老子不说还好，一旦说起来，几乎句句都成了经典。他说，宇宙之中，有四个最大，那就是“道大，天大，地大，人亦大”。真理、天、地、人这四大可不是并列的，而是以道为首，以人为末。人啊，不要太嘚瑟，还有天地管着你呢！天地之上还有一个宇宙真理管着呢！“人法地，地法天，天法道，道法自然”，人再怎么折腾，也要遵循天地运行的客观规律。宇宙大道效法的自然不是我们常说的自然（nature），而是自然而然，是天地万物本来的道，是最根本的真理。落实下来，就是人人自主自为，不用劳神，就能达到一种理想的人生境界。当大家还在为温饱问题、眼前利益发愁的时候，老子的思想已经神游天地了，不像龙，还能像什么呢？

道虽然很难修成，但也有一定的方法，诀窍就在于八个字——为学日益，为道日损。想要学习好，那您就头悬梁、锥刺股，拼命学习，总有学成的一天。想要学道？那您可要做减法咯！特别贪财？减掉！遇到事情，特别容易性急、发怒？减掉！有点成就便傲气凌人？减掉！好多嘴，好美色，好炫耀？减掉！心思太重，容易放不下恩怨？减掉！身体又发福了，增重不少？这个真不必减，倒是应该减掉你在乎体重的欲念。

因此，如果跟着儒家学习，你会非常辛苦。早上睡懒觉会被骂，“朽木不可雕也”；衣冠没有穿戴整齐会被训斥，“君子当正其衣冠”；说话太多会被斥责，“巧言令色鲜矣仁”；说话太快也会被骂，“野哉，由也”；晚上睡觉前也不能闲着，还要“吾日三省吾身”。你什么都得学，礼仪、音乐、射箭、驾车、书法、数学等。如果跟着道家学习，就轻松多了。做减法嘛，人该损的时候，就要损点儿！

道这个东西简直太神奇了，所谓“道常无为，而无不为”。感觉道这个东西明明没有什么作为，自然而然罢了。可是呢，它又无所不为，万事万物都在它的影响之下。“道生一，一生二，二生三，三生万物”，老子认为是道创生了万物，道才是万物之母。

道就是那么神奇，你可以不理解它，甚至不爽它。但是，一旦你哪天真要给它挑点儿刺儿，还真不知道从哪里下手。一不小心，就闪了舌头，伤了自己。咳……到现在，你明白了什么是道吗？不明白就对了！道可道，非常道；名可名，非常名……

小国寡民，大国下流：老子的理想国

老子也不是完全不接地气儿的主儿，其实他老人家还是挺关注人间世界的。也许正是爱得太深沉，所以表达得太含蓄了吧。国家有大小之分，因此治理起来也应当有所差别。

对于治理小国来说，老子最经典的表达就是“小国寡民”：

> “小国寡民。使有什伯之器而不用，使民重死而不远徙。虽有舟舆，无所乘之；虽有甲兵，无所陈之。使民复结绳而用之。甘其食，美其服，安其居，乐其俗。邻国相望，鸡犬之声相闻。民至老死不相往来。”

不要误解老子主张返回到原始社会，实则不然。小国寡民的理想社会有自己较为发达的文明，比如舟舆、甲兵等，还有相当于十倍百倍人力的器械。尽管有这些科技文明，人们不为所惑，而是坚持符合内心的朴素生活。吃好，穿好，住好。小国之间都能听得到、看得到，但是人们不会彼此艳羡，因此没有必要，就不会互相往来。这是一个高度自治的社会，“桃花源”一样的社会。

老子还说：“太上，不知有之。其次，亲而誉之。其次，畏之。其次，侮之。”最好的统治就是底下的老百姓只是感觉到统治者的存在而并不知道，其次才是赞扬、拥戴统治者，其次是害怕统治者，其次是反抗、造反。“小国寡民”里面的统治应该就是“太上，不知有之”的状态，明明有统治者，却几乎像不存在一样。统治者不要瞎折腾，让百姓休养生息，不比什么都强？老子并不反对制造车辆、船舶、甲兵等，只是提醒世人不要过度依赖它们，还要坚守内心的一份朴实无华。

举例来说，就像江湖人过招，水平一般的人喜欢显摆，生怕别人不知道自己的厉害。真正的高手可能往往不用动手，一个手势、一句话、一个眼神，就胜负立判了。就像老子说的“大巧若拙，大辩若讷”，最高明的能工巧匠往往看起来笨拙得不行，真正的辩论高手反而看起来连话都不会说。当代围棋大师李昌镐就说过“棋局如人生，下棋时，布局越华丽，就越容易遭到对手的攻击。生活中，少犯错误的人，要比华而不实的人更容易成功”，这也正是“大巧若拙”的典范。同样的道理，对于如何理解“小国寡民”，我们不能纠缠于字面意思，要读懂背后的深义。

小国有小国的治理方式，大国也有大国的治理形态。是不是吃货不知道，但是看起来老子确实是位烹饪行家，他举例说：“治大国若烹小鲜。”治理大的国家就像烹饪小鱼一样。烹饪小鱼最忌讳来回翻锅，要文火慢攻，自然而然才能烹饪出美味，吃上“舌尖上的小鱼”；反之，来回翻锅，再好的小鱼儿也会被捯饬烂了，还如何下口？治理大国也是如此，不要来回折腾。

一个人吃饭都需要一定的时间来消化，一个国家那么大，一道政令颁布下去，百姓不也得消化个几年吗？今年一道政令，明年一道政令，让人眼花缭乱，应接不暇，百姓到底该何去何从？政策变化太快，既会让老百姓心里不安，也会削弱政府的威信。

老子还提出一个有趣的概念，叫“大国者下流”。这可不是鼓励大国多做一些下流无耻的事。他的意思是：大国啊，应该像大海一样安静地处在下流的位置，这样才是众望所归；因为你大国甘居下流，所以天下的小河、小溪才会都汇总到你这个地方。这就是老子所说的：“江海之所以能为百谷王者，以其善下之，故能为百谷王。”百川归海，大海只有处于下流，百川才归得了海嘛！大国与小国开展邦交的时候，“大者宜为下”。大国本来就容易让人生畏，你再不放低姿态，别人怎么和你相处呢？

春秋时期，诸侯会盟，要订立盟约。这时，主持会盟的人会割下牛耳取血，后世就把“执牛耳”作为盟主的代称。按照当时通行的惯例，到底谁来做盟主？可能不少人想当然认为，自然哪个国家最强，哪个国家的国君就来做盟主，不是吗？其实不然。执牛耳的当是小国。老子说的“大者宜为下”也无非就是这个意思，大国要以静治国，甘居下流，这样才能征服人心。大国尚且要甘居下流，放低姿态，小国如果反过来耀武扬威，无疑就是作死了。

有人讲：“以前没办法，国家弱小老遭人欺负。现在我强大了，不欺负别人罢了，还不许我嘚瑟？我不嘚瑟，他们哪里知道我的强大？”嘚瑟可以，但不要瞎嘚瑟。打仗最狠的一招不是把对方首都攻占了、把敌人全部杀掉，而是“不战而屈人之兵”，不需要出兵，对方就已经投降了。邦交也是如此，“以其不争，故天下莫能与之争”。老子本人不就是榜样吗？先秦诸子中，他最不愿意出名，可后来又有几个人的名声能在老子之上？

太上老君，玄元皇帝：被逐渐神化的老子

老子这人一向主张清静无为，最讨厌生事儿。可他万万没想到，他死后，那么多称号都追加给他，还以他之名创建了道教。他若地下有知，不知作何感想。

西汉初年，国家刚刚建立，百废待兴。黄帝、老子“清静无为”的政治主张得到了统治者的青睐，成了官方意识形态。黄老之学确实行之有效，汉初政权与民休息，很快出现了秦统一以来中国第一个盛世——“文景之治”。史称：“汉兴七十余年之间，国家无事，非遇水旱之灾，民则人给家足，都鄙廪庾皆满，而府库余货财。京师之钱累巨万，贯朽而不可校。太仓之粟陈陈相因，充溢露积于外，至腐败不可食。”这是老子学说第一次被正式搬到政治舞台，而且大获成功。

东汉末年，国家四分五裂，天下大乱。太平道起义，倡导“苍天已死，黄天当立，岁在甲子，天下大吉”。他们这帮人也都是信奉黄老道，通过道教的方式发动了“黄巾军起义”。除了太平道之外，还有什么天师道，后来成了

道教正一派的前身。本来清静无为的黄老之学居然被利用来砍砍杀杀，也真是匪夷所思。

南北朝的时候，道教一路发展，高歌猛进，出现了葛洪以及陶弘景等大名鼎鼎的道人。葛洪在《神仙传》里又将老子做了一番神化，说老子的妈妈怀了七十二年才把老子生了下来，因为老子一生下来就是一头白发，所以称“老子”。怀胎十月都把妈妈折磨得要死要活，居然怀了七十二年！也正是在这一时期，老子获得了“太上老君”的称号。生下来都七十二岁了，谁还能比他老，他自然是太上老君了。与此同时，我们不得不佩服魏晋时期的人真是脑洞大开啊！

到了唐朝，皇帝姓李，想想老子也姓李，干脆把老子认成了自家祖宗，将道教定为国教。唐高宗的时候，把老子追封为“太上玄元皇帝”。老子有没有结婚、有没有儿子都未可知，一千年以后，他却多了这么些徒子徒孙当皇帝，真是世事难料。世界那么大，什么事情都可能发生！

宋元以来，又出现了赫赫有名的全真教。全真教由王重阳道长创建，手下还有“全真七子”护法。到了明清时期，全真教都有一定影响力。明代吴承恩在《西游记》里还给老子留了一个特别的位置，就是那个慈眉善目的老头太上老君——天天没什么事，只管给玉皇大帝炼丹，等辛辛苦苦炼成了丹，又被孙猴子偷了去；还经常不小心，管不住自己的炼丹童子和坐骑青牛，他们偷跑到人间变成了金角大王、银角大王和青牛精。不少看完《西游记》的小伙伴都很好奇，到底太上老君和如来佛祖谁的法力更高一些；可是一直等到那么磨叽的唐僧取回经来，都没见他俩打起来。

道家：高冷的小伙伴

如果说儒家是一个乖小孩，从小就认真读书，“三好学生”奖状拿到手软，最后考上大学，孝敬父母，报效祖国，回报社会；那么道家更像一个高冷的小伙伴，什么都懂，也不稀罕理人，别人只知道他很酷，却永远不知道他在想什么。

乖小孩总是为自己设立一个个目标，每天会非常辛苦，要去实现各种要求、各种期待，自己的人生好像是被设定好的；更要命的是，儒家仿佛天生就有一种使命感，虽然不是宗教徒，却胜过圣徒，要“为天地立心，为生民立命，为往圣继绝学，为万世开太平”。高冷的小伙伴呢，却根本就不在乎这些；因为他不会给自己那么多希望，所以从来不会失望；因为无所谓成功，所以他从不失败；比起那些实在的名利，他对那些恍恍惚惚不着边际的大道倒是更感兴趣。

儒家注重进取，道家则更注重后退；儒家喜欢正着说，道家更喜欢反着讲。所以，为人处世，老子就特别欣赏水的状态，所谓“上善若水”。水能兼利天下，却又与世无争；因为处在大家都看不上的下位，别人也不会去和它争。做人何尝不是如此？有时候锋芒太露，就容易遭人算计；尤其是帮了别人、立了功劳之时，一定要保持谦退的状态，否则难免惹人嫌弃。

老子的思想虽然高深莫测，但也还是从寻常的事物中提炼而来的。比如风雨，有谁见过连续一天一夜都从不停止的狂风暴雨吗？基本没有。为什么如此？因为天意如此。天意尚且不能持久，何况人呢？所以，经邦治国也不要太着急，不然就无法持续。引申一些，拿个人来说，没有什么困难是过不去的，总有雨过天晴、云淡风轻的时候。

从寻常事务中提炼真理，反过来也能运用到日常的生活之中，比如待人接物，我们不能无限制地索取，即便索取也要注意分寸，诚如老子所说：“将欲取之，必固与之。”礼尚往来，你不主动给予别人，别人又怎么会给予你呢？有时候，吃亏是福，不管最后能不能索取得到，能够主动施与，不也是处事的策略吗？平时不肯吃亏、过于吝啬，一旦有难，谁还愿意对你伸出援助之手呢？

道家虽然看起来高冷，但并非无所作为，而是十分注重沉潜，并一点一滴地积蓄力量，所谓“为之于未有，治之于未乱。合抱之木，生于毫末；九层之台，起于累土；千里之行，始于足下”。这里面的“毫末”“累土”“足下”都是日常生活中大家不怎么看重的事情，容易被忽视。举例来说，商朝为什么为灭亡？常人一般都会回答：“商纣王荒淫无道，所以灭亡啊。”其实，这种回答太过于表象。商朝的灭亡从纣王使用象牙筷子时就已经注定了！当时，箕子听说纣王用了象牙筷子，非常恐惧，立刻进谏。可惜，纣王不听，最后奢侈荒淫的心一点点膨胀起来，甚至发展出惨无人道的“炮烙之刑”、荒淫腐化的“酒池肉林”。商朝的政局逐渐到了鱼烂河决的地步，商人的统治也最终宣告崩溃。

老子看起来对世间诸般事物都不怎么上心，其实别有珍视之物。《道德经》中老子有三样宝贝：“一曰慈，二曰俭，三曰不敢为天下先。”对待世人，慈是发自内心的热爱，所以能够有大无畏的勇气来保卫所爱之人；勤俭修身，明明拥有，却不占有，而是积少成多，供给广大的百姓使用；慈爱世人，保护世人，又供养世人，却不敢为天下先，不居功自傲，这样的人才是万民所拥戴的吧。

老子是非常热爱生活的人，总是在思考着人究竟该如何度过自己的一生。用我们今天的话来理解老子的观点就是：做人不易，把人做好、做正更难；人生在世，难免会遇到磕磕碰碰的事情，这个时候能退一步，不妨就退一步，犯不着为一点儿小事争强斗胜，伤了和气，甚至为此枉送性命；想想那些草木吧，柔弱的时候才是生机勃勃的时候，一旦坚强挺直，便是干枯死去之时；人也是如此，活着的时候身体柔软，死了的时候就会无比僵硬；所以啊，何必那么好强呢？太强的东西容易受伤，就像木头太硬了，反而容易被折断；别看春天的柳枝那么柔软，要知道柔软才不容易折断，柔软恰是生机的体现。

小　结

一部《道德经》不过五千言，居然影响了中华民族两千多年。我们今天奉为经典的这本书，当时还是老子为应付函谷关守令所写，并非什么花费了多少年的心血之类。由此言之，老子确实是神一般的人物！

先秦诸子中多半人都是一辈子东奔西跑，带着弟子劝说诸侯，然后晚年著书立说，最后奠定了自己的地位。所以，想成名，哪有那么容易！然而，老子他根本就不在乎这些东西。在出关之前和出关之后，没人见他写过什么文字，也没人听说他去游说诸侯，更没人见他传授多少弟子云云。他最爱清静无为，不喜欢生事儿，也无意于留名青史之类。可是，他的名声偏偏比谁都大！

如果说儒家文明为中华民族创立了人文的标准，那么老子的思想无疑是超乎人文，在人文之上的。儒家喜欢讲如何学，"学而时习之""学不可以已"；《道德经》打头就是一个"道"字，而且是"道可道，非常道"的道。

后世关于老子的附会太多了，什么"生下来就七十二岁"，什么"太上老君"，什么"玄元皇帝"，什么"急急如律令"……说明老子的思想太广博了，不然怎么会滋生这些东西？到了后世，儒释道三家也没少吵架，都说自家祖宗才是天下第一，谁也不服谁。比如：很多道士信誓旦旦地说，老子出关之后，一路向西，最后来到了印度，点化众人，化身为释迦牟尼，创立了佛教；当然，这种"老子化胡"的传说，佛家弟子是拒绝相信的。每当这个时候，儒家学生就会默默地找张板凳，坐在一旁，看他们两家怎么争啊，争啊，争啊……

推荐阅读

阅读篇目：

《史记·老子列传》《韩非子·解老》《韩非子·喻老》等。

阅读书籍：

1. 陈鼓应：《老子今注今译》，北京：商务印书馆，2009年。
2. 释德清：《道德经解》，上海：华东师范大学出版社，2009年。
3. 刘笑敢：《老子古今》，北京：中国社会科学出版社，2006年。

庄子：神游天地，南华真人

庄子生平

逍遥游：至人无己，神人无功，圣人无名

吾丧我：天地与我并生，而万物与我为一

无为而尊：天地有大美而不言

出世，还是入世？

先秦诸子留下的书肯定都是正经的书，但是有一本书倒不妨“不正经”地去读。有人在《读庄针度》中专门说过：“读《庄子》须笑谈鼓舞以读之。今人读书只说苦心力学，殊不知眼前之理才要苦心求合。至古人之理，明明摆在书上，何用钻到间壁去？若苦心相伴者，便与《庄子》相反。”意思是：读其他人的书，比如《春秋》《孟子》等，少不得要正襟危坐，还要日讽夜诵；读《老子》也不轻松，特别烧脑；唯有读《庄子》，如果正儿八经去读，或者去和书里的事情较真，那可就大错特错了。今天，我们要讲的就是道家的二号人物，号称“南华真人”的庄子的故事。

庄子生平

庄子，名周，字子休，基本上是孟子同时代的人物，具体生卒年不详。那个时候，“军纵改”当道，孟老夫子很着急，一生都在率领弟子东奔西走，企图说服诸侯施行他的仁政主张。庄周地位很低微，据《史记》说，他是蒙这块地方管理漆园的一名小吏。当时天下学术中心在齐国的稷下学宫，庄周也是博学之人，应该到稷下学宫凑凑热闹。然而，庄周对此毫无兴趣。此后，史书也很少记载他到哪里周游。莫非两千多年前庄周就是一个地道的宅男？

战国时期，烽火连天，大家都在水深火热中煎熬。庄周却躲在他管理的漆树园里，成天与这些树木打交道。久而久之，他也难免浸染了山林隐逸的独特气质。在此期间，他似乎应该读了《老子》一书，故而对清静无为的人生别有体会。如若不然，那就更为难得，庄周居然和洛阳的老子思想有暗合之处，“英雄所见略同”。

在庄子的人生当中，发生的一件比较重要的事情，便是楚王曾经邀请他去楚国为相。结果，庄周微笑地拒绝了。对于这件事，不少学者都觉得比较可疑，庄周只是一个小官，在楚国又没有什么达官显贵的介绍，怎么楚国一下子就让他去做丞相？这则故事更像是寓言，表明了庄子天生放荡不羁爱自由罢了。

庄周虽然宅，也还有朋友，惠施就是其中一个。这两个朋友相处的主要方式就是互掐。根据《庄子》的记载，辩论基本上都以庄子的胜利而告终。假如有《惠子》一书的话，我们猜想，应该有不同的结果。其中一则辩论便是著名的“子非鱼”。庄周和惠施在濠水的桥梁上一起玩耍，没玩多久就到了互掐的精彩时刻。

庄周说：“您瞧，水中的鱼儿是多么欢乐呀！”惠施就问：“你又不是鱼，你怎么知道鱼儿很欢乐？”庄周反问道：“那你又不是我，你怎么知道我不知道鱼儿很欢乐？”惠施说：“所以啊！我不是你，当然不知道你知道鱼儿很欢乐；你不是鱼，当然不知道鱼儿很欢乐！”庄周说：“等等，咱们捋一捋啊！你先说的‘你怎么知道鱼儿很欢乐’，所以嘛，你显然已经知道我知道鱼儿很欢乐了，对不对？我告诉你，我就是在这濠水之上知道的。”讲完之后，特写镜头过去，庄子脸上一个大大的得意表情……《庄子》的记载到此就戛然而止了，至于后面两个人有没有打起来，我们也不知道。

当时，整个中国都在打仗，庄周这边看起来也没闲着。两个大老爷们在桥上不断争论“知道”“不知道”的问题，这在当时是多么亮丽的风景线啊！今天小孩子们很喜欢这种玩法，对“濠梁之辩”进行了改良。“某某为什么？”“你猜？”“你猜我猜不猜？”“那你猜我猜你猜不猜？”……游戏的胜利取决于选手的耐心，还有肺活量。所以如果没有庄周，大家辩论起来会多么寂寞！

先秦时期流传下来的关于夫妻相处的典故不多，其中十分著名的三则分别是孟子休妻不果、庄子鼓盆歌妻与吴起杀妻拜将，在一定程度上分别代表儒家、道家与兵家对待妻子的方式。孟子进门看到妻子叉着腿坐在屋里，嫌弃妻子无礼，就要休掉，却被母亲训责了一番：“将上堂，声必扬。你自己不咳一声，直接闯进去，怎么还怪妻子无礼？”看来儒家对待妻子的要求也是很严苛啊！齐鲁两国经常打仗，有你没我，有我没你，是对手中的对手、死敌中的死敌。吴起到鲁国做官，鲁国人因为吴起的妻子是齐国人，便疏远吴起。吴起二话没说，回到家里居然把妻子杀了。鲁国后来才让吴起当将军。为了胜利可以不择手段，吴起也够没人性的！

庄子的妻子死了，按理说应该穿着丧服大哭特哭。可是惠施来吊丧时，却惊讶地发现庄子敲着盆子在那里放声歌唱！难道庄子也这么没人性？其实不然。庄子说："妻子刚死时，我也哀伤哭泣过，怎么可能不难过？可是后来想想，人的生命本来就是从无到有，从有到无，死死生生，循环不尽，就像春夏秋冬的交替一样。妻子她现在魂归大荒，安息自得，我在人间又何必哭哭啼啼？想到这里，我也就豁达了，不再哭泣。"

后来，冯梦龙在编《警世通言》的时候，特别写了一篇《庄子休鼓盆成大道》，说庄子鼓盆歌妻以后，放火烧房，从此终身不娶，遨游四方，最终邂逅老子，一起得道成仙去了。这当然是文人的想象，不足为信。至于庄子晚年的状况到底如何，由于史书阙如，我们也不好信口雌黄了。

逍遥游：至人无己，神人无功，圣人无名

有些词语看上去就让人倍感惬意，从而心向往之，庄子发明的"逍遥""逍遥游"就是其中最突出的代表。自兹以后，中国不少诗词曲赋以及人名、歌名等都拿逍遥说事儿。古诗词中，譬如白居易的"谁知不离簪缨内，长得逍遥自在心"、刘禹锡的"鹤恋故巢云恋岫，比君犹自不逍遥"、范仲淹的"数仞堂高谁富贵，一枝巢隐自逍遥"、晏几道的"归来独卧逍遥夜，梦里相逢酩酊天"、倪瓒的"逍遥自足忘鹏鷃（yàn），漫浪何须寄姓名"等。近代以来，也时常看到"逍遥"的影子，比如《天龙八部》里面的绝世高手逍遥子、吴佳明演唱的《东游记》主题曲《逍遥游》、胡歌演唱的《仙剑奇侠传》主题曲《逍遥叹》、霍建华演唱的《新笑傲江湖》主题曲《逍遥》等。

《逍遥游》全文已经有三分之一左右被选入高中语文教材，故此广大高中同学对此并不陌生。儒家经典基本上都是将讨论的重点寄托在人间世界之上，讲的也是人间的伦理道德。《庄子·逍遥游》的开篇却是北冥世界里鲲化为鹏的传说，说大鹏“水击三千里，抟扶摇而上者九万里”，简直大得快没边没际了。庄周同学的想象力太过瑰奇，这么玄幻的开篇，他究竟想干吗？庄周这么描绘大鹏之后，大鹏几乎成了中华民族的吉祥物，到如今，许多中国人的名字中都带个“鹏”字。除了人名之外，店名、厂名等带“鹏”字的似乎也不在少数。

庄周讲了好多例子，归根到底，鲲鹏虽然超级厉害，但是还有所凭借。最上乘的功夫应该无所凭借，“至人无己，神人无功，圣人无名”。先用超级怪物将人唬住，然后再一步步烘托出自己的结论，追求无己、无功、无名的境界，独与天地精神往来，这才是传说中的逍遥境界。

接下来，庄周同学充分发挥自己的想象力，开始给大家讲了许多历史寓言故事。比如大尧找到许由，想要传位给他。不料，许由却拒绝了，所谓“鹪鹩（jiāo liáo）巢于深林，不过一枝；偃鼠饮河，不过满腹”，鹪鹩这种小鸟不过栖身于一枝之上，鼹鼠饮水也不过喝饱就好了，天下这种东西对我来说实在没什么用啊？君临天下这么大的诱惑居然都不要，可见许由的精神已经到了逍遥境界。

除了正话反讲之外，庄周也举出了他理想中的人，即姑射山上的神人。在遥远的姑射山上，住着这么一位神人，皮肤洁白像冰雪，体态柔美如仙女，不食五谷，吸清风，饮甘露，乘云气，驾飞龙，遨游于四海之外。他的神情那么专注，使世间万物不受病害，年年五谷丰登。他所抛弃的尘埃废物都会铸造出尧舜这样的圣君出来，他根本不会操心管理天下这种琐碎的小事。姑射神人的这种逍遥状态几乎快要超过人力的想象范围了，这便是庄周的神来之笔，轻描淡写之间便迸发出摄人心魄的力量。尧舜已经是世人能够想象到的最圣明的君主，但是按照庄周的说法，他们只不过是姑射神人的尘埃所做。本来以为自己攀登到了巅峰，后来才发现不过刚到了别人的脚下而已。一山还有一山高，这种迷人的魅力，也解释了古往今来为什么那么多能人志士都把修真求仙作为自己人生的最高追求。

就在《逍遥游》中，庄周还不忘怼他的老朋友惠施。他俩的角色和今天说相声的还真有几分相似，庄同学是逗哏的，惠同学便是那个捧哏的。他俩的相声可不是专门逗人一乐，而是给人以精神上的极高启迪。您瞧，到他俩上场了。

为了表演需要，惠同学傻乎乎地上台说："魏王给了俺葫芦种子，长大之后，葫芦特别特别大（双手比画不过来）。装水吧，不行。当瓢使吧，不知往里面搁什么东西。俺不知道怎么用，就给砸了！"逗哏庄惊讶地说："哦，天呐！你是不是缺心眼儿！宋国有人发明了防冻膏，一个人用来冬天洗衣服，一个人买来药方，献给吴国军队，被封了将军；吴越冬天打仗，因为吴军都用了防冻膏，就把越国打败了；小惠惠啊，你有那么大的葫芦，都可以劈开来做两艘游船了，你怎么还给砸了呢？"惠子一拍大腿，恍然大悟说："哎呀，我怎么就没有想到？"

终于有一次，捧哏惠受不了了，开始反击。他说："有棵大樗树，长得奇形怪状，就在路旁，那些木匠看都不愿看它一眼，又大又丑（顺便瞟了庄周一眼）。现在您的言论，嘿嘿，大而无用，大家也会嫌弃吧？"庄周心想："小样，就你还想造反。"他马上反击："您瞧过小猫和黄鼠狼吧？那都可能耐了，抓起老鼠都是贼溜儿的！可一不留神儿呐，就踩中机关，死翘翘了。西南边疆的牦牛，你可晓得？体形大了去了，就像天边的云，吓死你！虽然不能捉老鼠，但是本领了得！你说大樗树没有用，干吗不把它移栽到广袤的原野，可以让行人逍遥自得地避风遮雨，流连休息？樗树的无用之用，才是大用，还活得长久！"

葫芦也好，樗树也好，庄周无非是想提醒世人，要突破原来思维的束缚，才能获得新的认知。拿到葫芦就只能用来盛饭装水吗？为什么不可以做漂洋过海来看你的游船？大樗树果真无用吗？不正是因为无用，才能躲过匠人的砍伐吗？放到原野中，自己逍遥自在地生长，也可以让路过的行人逍遥自在地休息，不是两全其美吗？同样的道理，谁说治国就一定要用各种法律条文，无为而治不也能让老百姓安居乐业吗？

也多亏了庄子，做人还有一个极高妙极优美的精神世界可以向往，一会儿是"鹏之徙于南冥也，水击三千里，抟扶摇而上者九万里"，一会儿是

“藐姑射之山，有神人居焉。肌肤若冰雪，绰约若处子。食五谷，吸风饮露，乘云气，御飞龙，而游乎四海之外”。与此同时，《逍遥游》也呼唤起人们大胆想象、勇于批判的意识。做人不要越做越僵化，被各种条条框框束缚死，陷在了成见之中还不自觉。尤其是一些资历老、年龄大的人，如果不加克制，很容易犯轻视年轻人的毛病。诗仙李白年轻时就曾被冷嘲热讽过，所以他特别作了一首诗《上李邕》来回敬那些思想呆板、成见颇深的“前辈”：

大鹏一日同风起，扶摇直上九万里。
假令风歇时下来，犹能簸却沧溟水。
世人见我恒殊调，闻余大言皆冷笑。
宣父犹能畏后生，丈夫未可轻年少。

诗中即借用了庄周首创的“大鹏”的形象，以此自况，表达年轻时代的李白的凌云壮志、自由意趣。

吾丧我：天地与我并生，而万物与我为一

人生本来没有什么意义可言，但是人活着总要为自己的人生安排出一个意义来。孔孟的人生意义便是要推行仁政王道，哪怕杀身成仁，哪怕舍生取义，也在所不辞。老子的人生意义便是清静无为，保全自我，恰如青云直上的神龙。庄子呢，人生的意义除了和惠施掐架之外，便是从思想的神游之中萃取最高级的精神享受。

逍遥的境界已经瑰丽动人，此后庄周又抛出了一个“齐物”的概念。简单地理解，齐物便是“天地与我并生，而万物与我为一”。人想要找到内心最真实的自我——“吾”，便需要抛弃被外界迷失的“我”，是为“吾丧我”。达到了“吾丧我”的境界，既可以形如槁木，也可以心如死灰。后来的《菜根

谭》对此加以发挥："身如不系之舟，一任流行坎止；心似既灰之木，何妨刀割香涂。"内心之海澄寂明澈，无哀无乐，不喜不悲，就能真正做到与天地同呼吸，与万物共命运。

因为"吾丧我"，所以感官一时敏锐起来。儒家的礼乐不过是五音八声十二律，听到《韶》乐，便开心得不能自已。其实，这只是人籁的俗境。人籁之上还有地籁。你去仔细聆听，便会听到风吹草动的声音、流水潺潺的声音、树枝摇曳的声音、怒吼的声音、抽泣的声音、呼吸的声音……地籁之上还有天籁，所谓天籁，就是天乐，不需要借助任何外力，自然而然地就能发生声音。"天地与我并生，而万物与我为一"，此时的感觉只可意会，不可言传……

晋朝诗人陶渊明深谙天籁之道，每次张宴会客，他只用素琴一把，连琴弦都没有。他一边悠然自得地抚着素琴，一边洋洋自得地说道："但识琴中趣，何劳弦上声。"虽然相隔七百年之遥，但是庄周、陶潜二人堪称知音！

战国时代不仅列国相争，攻杀无已，就连诸子百家之间也来回攻击，互争短长。当时最大的两个学派儒家和墨家，斗争尤为激烈。孟子就说："杨氏为我，是无君也；墨氏兼爱，是无父也。无父无君，是禽兽也。"还自我标榜说："能言距杨墨者，圣人之徒也。"由此可以窥见当时儒墨两家撕裂的程度！

庄子对此什么意见呢？在庄子看来，天下之人，各是其是，各非其非，是非彼此，争来斗去，还有完没完？天下之间，万事万物"方生方死，方死方生，方可方不可，方不可方可"，此端未灭，彼端又起。彼是乎？彼非乎？难道彼此两者不是一体的吗？能知道彼此一体的道理，也就明白了一些事理了吧。所谓"天地一指也，万物一马也"，从更高的层面来看，天地和手指有分别吗？万物和马有分别吗？世人都去嘲笑"朝三暮四"典故中的傻猴子，把没有分别的事物固执地当成有分别，难道人就比这些猴子聪明吗？"吾丧我"之后，方能心静；心静之后，方能心如明镜；心如明镜，方能观照万物。

庄子能悟出这些道理，在哲学层面上，堪称超凡脱俗。《金刚般若波罗蜜多心经》上讲："色不异空，空不异色。色即是空，空即是色。"不也是类似的道理吗？做人也好，治国也好，何必那么看不开？《庄子》书中还记载了一则寓言：蜗牛有两只触角，左角上有一个叫作"触氏"的国家，右角上有一个叫"蛮氏"的国家。触蛮两国经常闹边境冲突，动不动就干仗，每次打仗都会伏尸数万……这则寓言让人捧腹之余，难道不该反思吗？小小的蜗牛角上，那么微不足道的地方，还你争我抢，真是可笑！可是，反过来思考，列国诸侯又比触蛮两国好多少呢？

在《齐物论》的篇末，庄周还特别记载了一个有趣的梦境。在梦里面，庄周梦到自己变成了蝴蝶，在曼妙的花丛之中翩翩起舞，甭提有多快活了！那个时候，哪里知道世间还有庄周这号人物。等到梦醒时分，蓦然发现：我就是庄周！哎，真的好奇妙呀！不知道是庄周我自己梦到了蝴蝶呢，还是蝴蝶梦到了我庄周？庄周本来不是蝴蝶，蝴蝶也不是庄周。然而在梦里，蝴蝶化为庄周，庄周也化为蝴蝶。在没有分别的时候，便是传说中的物化吧！

庄周真是先秦诸子中最萌最可爱的人物。战国时期，大家都在讨论"仁义道德""兼爱非攻"，他却在这里梦蝴蝶玩，梦得还很带劲儿，还成为中国文学史上的经典。李商隐《锦瑟》诗便云："庄生晓梦迷蝴蝶，望帝春心托杜鹃。"

无为而尊：天地有大美而不言

常人讨厌废物，也讨厌别人说自己是废物。废物就是没有利用价值的东西，所以遭人嫌弃。可是在庄周这里，却是"无用之用"才堪称大用。长期在漆园工作，庄周经常喜欢拿树木来做比喻。桂树因为有食用价值，所以就被人们砍伐；漆树因为能作漆，所以被人们刀割。人们都知道有用之用，哪里知道无用之用啊？假如像大樗树那样，还会面临如此悲惨的下场吗？

鱼儿在江湖中打交道，人呢，则在道术之中打交道。既然有交集，难免会有冲突。故此，友好相处才是双赢模式。在此之上，庄子认为，最佳模式应该是“鱼相忘乎江湖，人相忘乎道术”，都在其中而不相交，各得其乐，才是上上之策。

庄子对老子“清静无为”的思想十分仰慕，所以在文章多处倡导无为。比如，他会区分天道和人道，“有天道，有人道。无为而尊者，天道也；有为而累者，人道也”。天道不过是无为而治，不耗费什么心力，便可以治理好天下；而人道呢，就像儒家所追求的，每天辛辛苦苦、鞠躬尽瘁，勉强能治理好国家。

在庄子的世界里，“天地有大美而不言，四时有明法而不议，万物有成理而不说。圣人者，原天地之美而达万物之理。是故至人无为，大圣不作，观于天地之谓也。”天地之间都是活泼的，都有大美，就在那里，等待人去发现。圣人想要找到这种天地之间的大美，只有无为、不作，才有希望；一旦折腾起来，大美便会消失得无影无踪。这看似非常矛盾，其实需要开启智慧去体悟，不可用一般的知识、逻辑去强求；恰如手中的流沙，你越想抓牢，反倒流失得越多越快。

庄子不傻，自然知道有为的功效，但是过于有为往往会起到适得其反的效果，所以他要极力提倡无为的功效。为此，他还举了一个有趣的“胠箧（qū qiè）”的例子：胠箧就是打开箱子；人们用箱子保管财物，都会将箱子用绳子缠得死死的，再加上锁，生怕别人打开箱子把财物偷了去；绳子和锁成为人们安全感的来源；可是等到大盗光顾，会连箱子一起搬走，甚至还会担心箱子主人用的绳子和锁不结实呢！

用有为的策略管理国家不也是犯这种错误吗？用各种典章制度、军队监狱等管理国家，便以为国家安全了，太平就能达到了。其实，有为治国的策略本身就很脆弱。碰到真正的盗国者，会连你的国家整个端掉，就像大盗把箱子搬走一样，那些典章制度、军队监狱等还有什么用呢？齐国够强大了吧，那么多典章制度、军队监狱，可是田氏代齐，照样盗走了齐国，姜子牙的封国如今成了姓田的国度。田氏代齐之后，还生怕保护齐国的绳子（典章制度）和锁（军队监狱）不结实呢！

庄子“无为而治，与民休息”的核心说起来就是：国家不去聚敛财富，别人又有什么可觊觎的呢？不如藏富于民，让民众自然而然地生活。军队确实可以保卫国家，但也很可能倒戈相向；典章制度那么烦琐，和老百姓的实际生活又有什么相关呢？庄子还十分极端地指出“圣人不死，大盗不止”“天下每每大乱，罪在于好知”，认为个个都想做圣人明君，都好为人师，结果天下越治越乱，百姓越活越惨。天下之所以大乱，就是因为这些自作聪明、没事找事的人太多了。

出世，还是入世？

出世，还是入世，这是一个问题。入世代表积极融入世界、改变世界，往往通过从政、从军等方式；出世则更看重保全一己的志向，对拯救世界什么的根本提不起精神。入世、出世的区别不在于是否做官，而在于心志是否依然眷恋着改变这个世界。即使归隐山林，只要还存着救世的心思，就属于入世的一派；就算处于闹市或者入朝做官，只要你内心不为所动，还是属于出世的一派。

那么，庄周到底属于哪一派呢？说他出世吧，他本来就是一名官吏，少不得有政务缠身；说他入世吧，楚王派遣使者请他去做丞相，他都不肯。那时他正在濮水之上钓鱼，拿着鱼竿，连头都没回。他说：“我听说楚国有只神龟，死的时候都三千岁了。楚王把它打扮得漂漂亮亮藏在庙堂里面。你说，这只乌龟是宁愿富贵到老死呢，还是宁愿拖着尾巴在泥水中自由自在地爬行呢？”使者想都没想就中招了：“宁愿拖着尾巴在泥水中自由自在地爬行。”庄周说：“那么，你们请回吧。我还是宁愿拖着尾巴在泥水中自由自在地爬行。”在为人处世上，庄子肯定是出世倾向更重；那么在精神上，他有没有入世的救世情怀呢？

《庄子》一书后来被尊称为《南华真经》，分为内篇、外篇、杂篇，合起来不过七八万字。一般认为，内七篇《逍遥游》《齐物论》《养生主》《人间世》《德充符》《大宗师》《应帝王》是庄子本人的手笔。外篇既有庄子本人的手笔，也有他人写的，放了进去。杂篇则基本上都是庄子这一派的后人补进去的，没什么庄子本人的手笔。故此，在讨论庄子的思想时，通常会对外篇、杂篇都格外谨慎，即使是内篇，也有很多寓言，不能轻易地当成史实来看。比如上文提到的楚国想要庄子做丞相的事情出自外篇的《秋水篇》，就是如此，它更像是一则寓言。

在《应帝王》中，庄子给我们讲了一个让人十分悲伤的寓言故事。他说，南海大帝叫儵（shū），北海大帝叫忽，中间的大帝叫混沌。有一天，儵忽二帝来到混沌之国做客，混沌将二人招待得非常周到。为了表示感激，儵忽二帝决定做点什么。一合计，他们说："人人都有七窍：一张嘴，两只耳朵，两个鼻孔，两只眼睛，混沌居然一窍都没有。我们给他凿出七窍来吧。"于是乎，二人一天凿一窍，七天过去了，七窍都凿好了，混沌大帝却死了。

庄子也是人，难道不想对百姓的苦难施以援手，不想为这个世界做些什么，不想这个世界尽快好起来吗？自然不是不想，只不过，他的想法与孔孟的完全不同。他以为：与其用孔孟的仁政代替当时的暴政，还不如恢复到无为的政治；混沌之死的寓言还不够让人警醒吗？混沌就是世人的本来面目，就是一个国家的本来面目，就是初心；都想聪明伶俐，都想发号施令，折腾来，折腾去，一定要把混沌折腾死才甘心吗？喜欢的人未必要得到，远远地看着，不也是一种风景吗？也许庄周太热爱生活了，太关心百姓了，所以更要保持高冷的距离吧。

在《山木篇》中，庄子遇到了一道难题。本来，我们知道，大樗树正是因为自己的无用才保全了性命。可是有一次庄子带着弟子到山中做客，主人很开心，想要杀鹅来款待。儿子问："两只鹅，一只能叫，一只不能叫，杀哪一只？"主人说："杀那只不能叫的吧！"事后，弟子就问庄子："樗树因为无用而生，大鹅又因为无用而死。先生啊，您将何以自处呢？"庄子笑着说："我将处于材与不材之间吧。世事难料，人情难测，我们也只好顺其自然！"

入世还是出世、进取还是谦退、有为还是无为，同样困扰着先秦诸子。面对这个问题时，老庄一派的道家态度无疑最为达观。“天地与我并生，而万物与我为一”，若达到了这种境界，所有的问题就不再成为问题了吧？

小结

人生何其短暂，就像《庄子》里面所说的，“人生天地之间，如白驹之过隙，忽然而已”。在这有限的生命之中，我们又当如何对待我们的人生呢？这个问题永远都不会过时。清代大儒王先谦著《庄子集解》，他说，我研究《庄子》有些年头了，终于得到了一句要领，以此来管理人生，果然受用无穷。这句要领便是：“喜怒哀乐，不入于胸次。”

“喜怒哀乐，不入于胸次”出自《庄子·田子方》，意思就是让喜怒哀乐这些情绪都不要侵入心中。

与儒家严肃的修身、治国的人生路径截然不同，老庄一派开辟出了养生、求真的逍遥境界。积极进取，安民匡国，儒家为长；修身养性，恬淡无为，道家为上。论气质，道家和佛家又最为接近。如果一定要用阴阳来判定的话，那么，儒家更像是阳，佛道更像是阴，无阳不济，无阴也不成。中华文明如果没有老庄的道家玄学，该是多么呆板、枯燥啊！

据说庄子曾经隐居在南华山，所以到了后世，他便被封为“南华真人”，《庄子》一书也被尊称为《南华真经》。两千多年过去了，现在看来，庄周的想象力依然称得上卓绝！但是，谁又说他不是预言家呢！大鹏、大鲲，不就是今天的航空母舰、航天飞机吗？他又是那个时代文学气质最浓重的一位，“南华蝶梦”“姑射神人”“御风而行”“秋水时至”，无一不是中国文学史上的经典篇章。

推荐阅读

阅读篇目：

《史记·庄子列传》《庄子·逍遥游》《庄子·齐物论》《警世通言·庄子休鼓盆成大道》等。

阅读书籍：

1. 陈鼓应:《庄子今注今译》，北京：商务印书馆，1983年。

2. 胡文英:《庄子独见》，李花蕾点校，上海：华东师范大学出版社，2011年。

3. 郭庆藩:《庄子集释》，王孝鱼点校，北京：中华书局，2012年。

4. 王先谦:《庄子集解》，沈啸寰点校，北京：中华书局，2012年。

管子：九合诸侯，一匡天下

先秦诸子号称百家之多，若兼论辈分和威望，第一把交椅恐怕非管仲莫属。和孔子、老子相比，管仲都是当仁不让的老前辈。他的声名可谓如雷贯耳，在春秋时，就辅佐齐桓公“九合诸侯，一匡天下”，使齐国成为春秋时期第一个霸主。

在后世，管仲的推崇者也不在少数。春秋末年，孔子曾说：“微管仲，吾其被发左衽矣。”如果没有管仲抵御夷狄侵略，我们这些人恐怕都要跟着变成蛮夷了吧。三国时期，神机妙算的诸葛孔明也自比于管仲、乐毅。管仲、乐毅分别是齐燕两国的头号人物，没有他们二位，齐桓公、燕昭王就不可能成就霸业。即便到了近代，他也备受褒崇。梁启超就说过：“管子者，中国之最大政治家，而亦学术思想界一巨子也。”

得君行道一直是古代读书人梦寐以求的头等大事，可惜真正有机会实现这个光荣梦想的人凤毛麟角。孔子失败了，孟子失败了，荀子也失败了，此后还有一连串的名单，诸如屈原、贾谊、韩愈、杜甫、辛弃疾、陆游……幸运的是，管仲闯关成功。一如梁启超所说，他既是学术界的巨子，又是中国杰出的政治家。他究竟是如何促使地处一隅的齐国崛起成为天下霸主，又是如何影响了先秦时期的学术思想呢？

管仲生平

管子也是姬姓，管氏，名夷吾，字仲，齐国颍上（大概相当于今天安徽省阜阳市颍上县）人。管仲家境相当贫寒，据他成名后的回忆，当年为了讨口饭吃，他几乎什么都干过。发迹之前，他的生活经常陷入困境，幸亏有鲍叔牙帮扶他。鲍叔牙帮扶管仲，并非仅仅出于他的古道热肠心眼好，关键是他还认定了管仲才能远在自己之上，坚信管仲日后必能成就大事。

管仲曾经与鲍叔牙合伙做点小生意，因为实在太穷，所以赚来的钱，他每次都会多拿一点，补贴家用。对此，鲍叔牙只是睁一只眼，闭一只眼。生意做不下去了，管仲又和鲍叔牙倒腾其他东西，结果也失败了。无奈之下，管仲厚着脸皮跑去给达官显贵做幕僚，结果先后几次都被别人扫地出门。实在没有办法了，管仲只好去参军打仗，但每次仗打起来，他都会想方设法地开溜；之所以冒着被军法处置的危险当逃兵，是因为家里还有老母亲需要他赡养。

时来运转，管仲和鲍叔牙分别投到了公子纠和公子小白的门下，成了谋士。公子纠和公子小白是同父异母的兄弟，都有可能成为未来的齐国君主。管鲍二人分侍二主，是打算日后无论两位公子谁成为君主，他们朋友两个都能得到照应。可如意算盘还没打响，齐国就发生了内乱。仓皇之下，间不容发，二人随着公子纠、公子小白分别逃到了鲁国和莒国。

内乱敉（mǐ，安抚，安定）平之后，齐国贵族让两位公子回国，先到者立为国君。公子纠一边马不停蹄地往齐国赶，一边派遣管仲去暗杀公子小白。事关重大，管仲立功的机会到了。他不负重托，一箭射死了公子小白，便回去领赏了。此后，公子纠一行放慢了速度，慢腾腾地往回走，将齐国国君之位视为囊中之物。哪里料到，管仲没有射死小白，只是射中了他的衣带钩。小白同学可能是经常被土匪抢劫，所以有了经验，顺势倒地装死，演得极其逼真，直接骗过了智商超高的管仲。单此一项，似乎应该给小白颁发一个先秦时期“最佳演员奖”！等公子纠一行回到齐国的时候，小白继承君位成了齐桓公，公子纠也被杀死。同样作为公子纠谋臣的还有召忽，他知道主公被杀之后，自杀殉主，成为忠臣的楷模；而管仲再次“苟且偷生”，他没有自杀殉主，而是忍辱偷生，站在囚车里，被押往临淄。

就在天下人都在大骂管仲“懦夫，胆小鬼”“卑鄙小人”“无耻之徒”的时候，齐桓公对他也是咬牙切齿，正是管仲这贼差点要了自己的命！可经过与鲍叔牙的一番对话之后，齐桓公彻底改变了自己的看法。本来，齐桓公琢磨着要让鲍叔牙担任相国，辅佐自己治理齐国。可是，鲍叔牙却推托不做。

“还请主公登用管仲！”

“用他？笑话！他差点把我杀死。”

“彼时，各为其主，这又不是他的过错。”

“…………”

“主公若想治理好齐国，用我就够了。若想争霸天下，非管仲不可！”

“…………”

如是这般，管仲终于告别了陪伴自己多年的霉运，自此咸鱼大翻身，从一个阶下囚变成了齐国的相国。管仲当上相国之后，鲍叔牙还经常谦退，对管仲特别恭敬。有此贤德，鲍叔牙家族世世代代在齐国做大夫，而且有名的还不少呢！这就是家风啊！若干年后，人们都不再称道管仲的贤能，反而称道鲍叔牙真是能知人、能举人。当然，管仲对鲍叔牙的知遇之恩也是没齿不忘的。他说了这么一句万古流传的话，来表达自己对鲍叔牙的感佩：“生我者父母，知我者鲍子也！”这就是中国历史上著名的“管鲍之交”。

管仲为相之后，果然没有辜负大家的期许。在他的辅佐下，齐国以区区海滨之国，通货积财，富国强兵，为后来的称霸天下做好了充足的准备。此后，齐国南征楚国以尊周室，北伐山戎而救燕国，积极展开内政外交，逐步扩大影响力，最后在“葵丘之盟”上正式确立了齐国的霸主地位。

齐国是姜子牙的封国，刚开始不过是区区百里的封地，附近又有很多部落，不断攻击新兴的齐国。姜子牙在位时候，就开始“通商工之业，便鱼盐之利”，逐渐为齐国打开局面。姜子牙死后三百多年里，齐国经常发生内乱。齐桓公的前任齐襄公荒淫无道，与自己的妹妹通奸，还派人把自己的妹夫鲁桓公给杀了。鲁桓公可是堂堂的鲁国国君，齐鲁邦交由此恶化到极点！后来，齐襄公的堂弟公孙无知等发动叛乱，又把齐襄公杀死，自立为君。由于发生了那么多丑恶的事件，齐国在“国际”上哪里还有国家威望可言？连年动乱，齐国的民生也好不到哪里去。

所以说，真的是“时势造英雄”。在管仲的辅佐下，齐国这样一个烂摊子居然能一跃成为诸侯共尊的霸主！也正是从管仲开始，齐国正式成为当时超一流的强国。齐国强盛的地位一直保持到了战国中后期，长达数百年之久。

管仲生前，齐桓公就尊称他为“仲父”，对管仲信赖有加，他说：“仲父命寡人东，寡人东；令寡人西，寡人西。仲父之命于寡人，寡人敢不从乎？”

管仲死后，齐桓公顿失臂膀。管仲临终之际托付后事时，特别提到要齐桓公疏远易牙、竖刁、公子开方等人。易牙为了讨好齐桓公，把自己的婴儿烹煮后献上；竖刁也非常恶心，为了讨好齐桓公，干脆把自己阉了，替齐桓公管理后宫；公子开方大奸似忠，说是为了公务，十五年都不去卫国的老家看一眼父母亲人，其实齐卫两国比肩接邻，离得并不远。齐桓公刚开始确实废黜了这几个人，可是后来忍不住离开他们的寂寞，又起用了他们。从此，齐国陷入了混乱。后来，齐桓公被锁在宫中，死了很久都无人过问，直到尸体生出的蛆虫都爬出了屋子……一代霸主齐桓公居然这般悲惨地死去，想必到死前都在痛悔着自己不听管仲之言。

图霸、韬晦与玩转政局

同样是从政，却也有政治家与政客的根本差异。政治家与政客的一大区别便是政治家有自己的施政理念与施政规模，而政客只考虑如何让自己上位，甚至为此不择手段。政客大多不会关心改变国家，遑论留名后世，而政治家既要对国家、百姓负责，也十分看重死后的声名。毋庸置疑，管仲就是中国古代杰出政治家的代表。

为政先要设立一个目标，目标定得太高容易不切实际，定得太低会阻碍国家发展。当年齐桓公即位之后，召来管仲，问了自己非常关切的问题：“能否安定社稷？”管仲直截了当地回答：“君霸王，社稷定；君不霸王，社稷不定。”您只有称霸，社稷才能安定。反之，社稷就不能安定。齐桓公听了之后大吃一惊，琢磨着管仲这家伙是不是疯了，齐国都残破成这样，还要称霸？他也很直接地告诉管仲说，我哪里敢想象这种事？管仲同学，不要乱讲，咱们只说安定齐国内部社稷的事情。但管仲非常执拗：“您不称霸也可以，另请高明吧。臣告辞了。”说完，就要离开齐国。齐桓公慌了神，赶忙派人把管仲追了回来。管仲回来之后，齐桓公说：“事已如此，无可奈何，我们就勉强开启霸业之旅。”说完，冷汗都湿透了后背。就这样，管仲开启了连齐桓公一开始都不相信的霸业神话。他能成功吗？

管仲施政首重务实，所以《管子》的开篇《牧民》就指出："国多财则远者来，地辟举则民留处，仓廪实则知礼节，衣食足则知荣辱，上服度则六亲固，四维张则君令行。"首先，国家要有钱，有钱了才能发展国家，才会让远方的人心向往之；其次，要大力开垦荒地，开垦的土地多了，百姓才有房子住，有田种；仓库里还要堆满粮食，粮仓富足，百姓不担心饥荒，就能踏踏实实过文明有礼的日子；衣食也要多多生产储备，百姓不愁吃穿，才会讲究荣辱；君主也不要乱来，自己遵守法度，六亲才会相安无事；大家都奉行四维，君主的号令才能被贯彻下去。什么是四维呢？就是礼义廉耻，"四维不张，国乃灭亡"。

在此过程中，齐桓公几次想要对外用兵，都被管仲果断阻止。想要称霸，切忌用兵，必须先要一心一意谋发展。齐桓公在位四十多年，前二十年左右的时间，都在改革发展。据《管子》记载，这二十年之中，齐国不断发展国力，关税都轻到五十税一，天下的商贾怎么能不愿意到齐国做生意呢？农业税两年才征收一次，丰收的时候收税十分之三，其次十分之二，其次十分之一，遇到灾荒的时候，直接豁免税收。如此一来，天下的农夫肯定愿意到齐国种田了。

在确定称霸天下的目标以及执行韬光养晦的策略之后，管仲还发挥了极为杰出的政治手腕。齐国苦心经营，国富民强之后，必然要对外用兵，开拓霸业。但是，如果不讲究策略，很容易让"齐国威胁论"蔓延开来。一旦到了那个时候，诸侯联军攻打齐国，齐国的称霸之梦就会胎死腹中。管仲深谙此道，故而早有妙计。他的政治手腕体现在多个方面，在这里举出几个例子，以便大家管窥一二。

例一：齐鲁柯邑之盟

背景：齐鲁交兵，鲁国战败，丧失多处国土。

经过：在柯地会盟的过程中，鲁国将军曹沫当场劫持齐桓公，逼迫齐桓公答应归还鲁国土地。

结果：齐桓公恼羞成怒，想要把鲁国这帮人全部杀掉！管仲劝阻："鲁国事小，失信于天下事大，不如归还。"齐桓公压住怒火，迅速领会了管仲的意图，归还鲁国城池。

影响：齐国国威大震，诸侯感佩。

例二：抗戎援燕

背景：山戎入侵，燕国危在旦夕，求救于齐国。

经过：齐国北伐山戎，凯旋。燕国举国欢腾，燕国国君一直欢送齐国军队，都快送到齐国腹地了。

结果：齐桓公、管仲等提醒燕国国君应该弘扬始祖召公当年的施政精神，壮大王室。同时，按照周礼，诸侯相送不当出境，齐国索性将燕国国君经过的齐国国土全部送给了燕国！

影响：齐国拯救了燕国，又不惜搭上了本国国土。果然仁义！诸侯心悦诚服，自此更加拥戴。

例三：齐楚召陵之盟

背景：齐桓公和他的夫人蔡姬划船，蔡姬不断荡舟，齐桓公晕得吐血，蔡姬还不听劝，只顾自己贪玩。齐桓公打发蔡姬回了娘家蔡国，蔡国一怒之下，又把蔡姬嫁给他人。齐国攻打蔡国，史称"一个女人引发的战争"。

经过：齐国率领齐、鲁、宋、陈、卫、郑、许、曹八国联军攻打蔡国，蔡国求救于大哥楚国。管仲以为，这战争不能这么荒唐地打下去，要有个正大光明的名号才行。于是，八国联军攻打楚国，理由是楚国对周王室不敬，没有及时进贡，史称"尊王攘夷"的正义战争。

结果：楚国服软，根本不敢出兵，在召陵与八国联军订立盟约，表示愿意继续向周王室进贡。

影响：诸侯又一次崇拜齐国，坚定了统一步伐跟齐国走的信心。

这三次战争原本没什么亮点，但经过了管仲之手，无一不转变为光大齐国形象的重大事件。尤其是齐楚“召陵之盟”，起初只不过是“一个女人引发的战争”，居然被管相国成功地扭转为“尊王攘夷”的正义战争。管仲不愧是管仲，将天下政局玩转于股掌之中，一次次化腐朽为神奇。“齐国威胁论”烟消云散，齐国逐渐成了“正义”的代名词，齐桓公也终于成为天下公认的霸主，地位无人能够撼动。

货币战争与谷物战争：没有硝烟的进攻

高手出招，往往能在不动声色之间，便改变一个国家命运的走向。世人大多只知道管仲的名言“仓廪实则知礼节，衣食足则知荣辱”，但是如何在短时间内让一个国家“仓廪实”“衣食足”，这里面的学问可就大了。想要完成霸业，除了政治上纵横捭阖、军事上四处征讨之外，还有两种没有硝烟的战争也至关重要，那就是货币战争与谷物战争。

兵以正合，以奇胜，经济战争也不例外。管仲在正常的经济政策之外，尤其注意控制货币与谷物。货币和谷物是国家的两大命脉，谁控制了这两种资源，便等于控制了天下。对此，管仲说得非常透彻：“彼币重而万物轻，币轻而万物重。彼谷重而万物轻，谷轻而万物重。”

货币战争的第一招就是齐国率先实行了“盐铁专营”的政策。如果是对田地、住宅、家畜、树木等征税，势必会加重百姓负担，会引起百姓反感。但是盐铁不同，只有极少的工商和富民能够制作。盐铁本来是极其重要的物资，向盐铁征税，可以让国家从这些少数人手中夺回专营的权力，这既不会得罪绝大多数的老百姓，又能迅速增加国家的货币收入，何乐而不为？单此“盐铁专营”一项就让齐国的 GDP 持续高水平增长。

谷物战争比货币战争更狠。只要有谷物，即使没有货币，也能保证百姓温饱，国家还能支撑；但如果只有货币却没有谷物，那么国家几乎瞬间就会陷入通货膨胀的危机之中，随时面临全面崩溃。鲁国、梁国就是在管仲的谷物战争中一败涂地的。我们不妨看看管仲是如何利用谷物战争让鲁梁两国屈服的。

鲁梁两国都盛产绨（tí），绨是一种比较光滑的丝织品。管仲建议齐桓公以及近臣都穿绨做的衣服，结果齐国国民跟风，绨开始供不应求。鲁梁两国的民众闻风之后，都陆续放弃种粮，开始生产绨；一年多后，管仲刺探到这两国的百姓已经全部跟风而上，正摩拳擦掌置办工具以加大对绨的生产，准备大赚一笔。时机已经成熟，管仲随即让齐桓公改穿帛做的衣服，又在齐国引领穿帛织品的风潮，同时禁止从鲁梁两国购入任何绨织品。这一招让鲁梁两国的民众陷入极度恐慌之中：官府征税征不到粮食，民间也出现饿死人的情形；好不容易种下了谷种，但是几个月内不可能收获，百姓家里又没多少余粮；大家拿着靠贩卖绨积攒的钱去买粮时，却发现市面上的谷物一斗要花一千钱，手上的货币已经完全贬值了。而在此时，齐国高调出售之前储备的谷物，一斗才十钱！于是乎，鲁梁两国的百姓扶老携幼全部跑到齐国去了。无奈之下，鲁梁两国只好屈服。这种谷物战争的招数，是以齐国大量储备货币、谷物为基础，辅助一些手段，将鲁梁两国的粮食生产彻底击垮。

管仲打造的货币战争与谷物战争的双重夹击，最大的攻击目标就是楚国。楚国是大国，不容易被操控。所以，管仲精心设计了步步为营的连环套。

（1）暗中准备砝码。一边大量囤积粮食，一边派人增开新矿，大量铸造货币。这种绝密级的先期准备至为关键。

（2）投出诱饵。齐国大张旗鼓地派人斥巨资到楚国重金购买鹿。

（3）敌人试钩、上钩。楚国刚开始对这个“馅饼”是心存戒备的，楚国当局者经过多次讨论，最终还是认为：鹿不过是禽兽，关系不到楚国国计民生，不妨让一部分农民去猎鹿，既可以增加楚国收入，又可以吸取齐国的货币。

（4）借刀杀人。私下联络楚国商人，要额外重金购买生鹿。战争砝码增加。

（5）打乱敌人。在巨额利润的诱惑下，越来越多的楚人开始弃农从猎，男女都不例外。对此，楚国官府自认为无须担心——既然挡不住了，不妨让大家多多赚取齐国的货币，日后用钱买谷，或者来年再种谷物。

（6）亮剑、收割。楚国靠卖鹿赚的钱已经翻了五倍，而齐国暗中囤积的粮食也已经有五倍之多。由于管仲是用秘密的新矿来制造货币投入楚国，所以，看似齐国的货币大量流入楚国、财政空虚，但其实人家的经济根基还是固若金汤的。待到时机成熟，管仲举刀的时候到了——齐国封锁楚国，楚国有钱买不到粮食，种下去的粮食在齐军的骚扰下，经常等不到丰收；等到楚国谷价涨到四百一斗时，齐国将自己储备的粮食拉到楚国贱卖。

（7）最终收网。短短的几年时间里，楚国重蹈鲁梁两国的覆辙，楚人纷纷逃到了齐国，楚国不得不向齐国屈服。

需要交代的是，以上例子多取自《管子·轻重篇》，有学者提出《轻重篇》并非管子所作。我们不做学术研究，对此不必深究，只要了解管仲肯定借助过类似的经济操控手段就可以了。有如此高超的政治操控手腕，加上如此周密的经济战争技巧，齐国想不称霸都难了。

“无关紧要”的文教建设

管仲几乎是那个时代的全才，不仅精通政治事务、经济事务，而且在文化教育方面也卓有建树。作为政治家，管仲首先关注的是社会教育，也就是“四民教育”。

按照管仲的政治设计，要建立一套士、农、工、商的四民社会。齐国一共有二十一个乡，士农之乡有十五个，工商之乡有六个。具体的行政划分是乡、连、里、轨：五家为一轨，轨有轨长；十轨为一里，里设有司；四里为一连，连有连长；十连为一乡，乡有良人；三乡定为一帅。乡、连、里、轨四级制应当是从《周礼》继承而来的，与今天的省、市、县、乡类似。

“四民教育”的核心就是士、农、工、商分开，不能杂居。士人与士人住在一起，世世代代都是士人（需要强调的是，春秋时期，文士和武士不分家，士人要能文能武，既是国家政务的管理者，也是国防军队的中坚力量）；农民与农民住在一起，有助于精进农事；工匠和商人也是如此。如此一来，四民都安土重迁，也容易管理。士、农、工、商耳濡目染，每天做的都是本阶层的事情，所以精益求精，既不容易生事，还能最大限度配合国家统一生产的调度。

一流的国家必须要有一流的公民，而一流的公民必须依靠一流的基础教育来培养。除了“四民教育”之外，管仲最为人称道的就是“小学教育”，主要教小孩子如何侍奉尊长，这集中体现在《弟子职》一篇当中。《弟子职》记载非常具体，教导孩子事师、受业、馔馈、洒扫、执烛、坐作、进退等基本礼仪。

《弟子职》篇幅不长，开篇便说：“先生施教，弟子是则。温恭自虚，所受是极。见善从之，闻义则服。温柔孝悌，毋骄恃力。志无虚邪，行必正直。游居有常，必就有德。颜色整齐，中心必式。夙兴夜寐，衣带必饬。朝益暮习，小心翼翼。一此不解，是谓学则。”这里面的弟子应该指四民社会中的士民，也就是领导阶层。从小抓好这些人的教育，相当于把握了齐国未来的方向，保证了齐国领导阶层的高素质。《弟子职》作为先秦时期少见的教育材料，影响颇大，后世的《弟子规》等蒙学读物，往往从中取材。

强军与称霸

在政治、经济、文化等各个方面的准备越来越充分的时候，齐国距实现称霸的梦想已近在咫尺。称霸必须强军，没有强大的军队支撑，那么称霸天下无异于痴人说梦。称霸就像打猎一样，时机不成熟切不可露刃。傻瓜都知道强军势在必行，但是如果操之过急，肯定会引起其他诸侯国的戒心。故此，一切都要精心谋划，从长计议。

管仲非常清楚，想要实现强军梦想，第一步就是要有一支素质过硬的军队。但是，假若齐国高调征军，其他国家势必群起仿效，以保证军事实力不逊于齐。没有远超他国的军事力量，齐国想要谋图霸业无疑难上加难。怎么办？

上文中提到了“四民教育”，也提到了乡、连、里、轨的行政区划，这种看似无关紧要的举措实际上大有玄机。表面上看，管仲是在为齐国制定一套行政管理制度，实则不然。按照管仲的话来说就是“作内政而寓军令”，内政下面就隐含着训练精兵的目的。按照乡、连、里、轨的划分，“五家为轨，五人为伍，轨长率之。十轨为里，故五十人为小戎，里有司率之。四里为连，故二百人为卒，连长率之。十连为乡，故二千人为旅，乡良人率之。五乡一师，故万人一军，五乡之师率之”。看似常规的军事训练，并没有动刀动枪，乍以为只是百姓耕作之余的休闲娱乐，其实已经暗中培养了三万名精兵。在稀松的内政管理中养兵治军，既不会引起其他诸侯的警惕，又能达到军事目的。甚至连齐国的百姓都被蒙在鼓里，不知有三万名精兵散落在自己身边，只待国家下令，就能出征作战。

有了称霸的新军，下一步就是装备问题。如何在最短时间内，给齐国的精兵提供一套完整的作战兵甲呢？管仲又是如何处理的呢？如果只是多开匠铺，开足马力日夜锻造，那么管仲就不是管仲了。

他早就想好了对策，将装备与刑罚挂钩。齐国凡犯罪者，都要被罚以缴纳兵器：重罪交优良的兵甲、次罪交一般的兵甲、再次的交钱（官府再将钱币铸成兵甲）；凡是来打官司的，法官判结之后，若有不服还想再诉，先上交弓箭再说。于是乎，齐国的兵甲数量剧增，精良的兵甲直接配备给精兵，上好的金属用来制造武器，质量一般的金属则用于土木建设。

军队有了，装备问题也解决了，是不是可以开战了？还早着呢！管仲的下一部棋就是搭建类似今天的“天眼”系统，四处派遣使者、间谍，他们的主要任务有二：一是招揽、策反贤能之士为齐国效力；二是刺探敌情，让其他国家的大小军政事务都在齐国的监控之中。

现在总可以打仗了吧！齐国军队早就完成集结，摩拳擦掌，随时可以出征，扬国威于四方了。然而，还差一步！那就是尊王与睦邻，最大限度地营造对齐国有利的国际形势与周边环境。

先说睦邻友好，这并不容易。齐国东依大海，想要争霸于天下，就要处理好与南、西、北三个方向的国家关系。南边是鲁国，虽然齐鲁两国经常打仗，但是只要齐国主动归还侵占鲁国的土地，再多派使者到鲁国吹风，宣传“齐鲁本是一家”的口号，鲁国人自然买账。至于西边的卫国和北边的燕国，道理依然适用。将欲取之，必先予之。把之前侵占他们的领土通通归还，再多派使者、游士、间谍等，到处活动，用珍宝、美女、名马、宝剑等投其所好，大肆宣传齐卫、齐燕本来都是一家。睦邻目的终于达成，齐国上下一心，迎来了称霸前的黎明。

最充裕的国库、最精锐的将士、最精良的装备、最全面准确的谍报系统、最有利的周边形势与国际环境，齐国开始正式出击了。先拿吴国开刀，因为吴国当时还是蛮夷，时不时有越轨的行为，不受中原国家待见。齐桓公瞅准吴国攻打徐州的机会，打起“尊王攘夷”的口号，率领联军攻打吴国，吴国土地被占了一半。从此以后，齐国率领的联合国军一发不可收，攻打越国，又征讨宋国、郑国，南征楚国，北伐山戎，西征白狄，降服秦戎。齐国兵锋所指，所向披靡，接二连三,一路取得了十二场重大胜利！

史载：“东夷、西戎、南蛮、北狄、中诸侯国，莫不宾服。”又载：“兵车之会六，乘车之会三,九合诸侯，一匡天下。”到了“葵丘之盟”时，齐桓公已经成了举世公认的天下霸主。周天子派人来赐胙肉（祭祀时供神的肉），还特别强调：“齐桓公是我的舅舅，接受胙肉的时候，不用下拜。”但管仲特意在旁提醒，齐桓公还是走下台去行了跪拜之礼，再接受胙肉。此事虽小，却是“尊王攘夷”的标志，从此诸侯更对齐国心服口服。

“葵丘之盟”时，齐桓公已经在位快四十年。如果一代为二十年的话，那么，在管仲的辅佐下，齐国经历了两代人的努力，彻底摆脱了之前普普通通的海滨国家形象，一跃成为天下超一流的强国。齐桓公当年对称霸一事明显信心不足，却最终在有生之年坐上了霸主之位。而这一切的一切，都应归功于管仲这位政治强人的苦心策划。

道家，还是法家？

先秦诸子很容易划分派别，比如孔孟为儒家，老庄为道家，韩非子为法家，但是关于管子到底属于哪一家，大家莫衷一是。这种争议在唐代就有了：

汉代的文献中将《管子》一书归为道家之中；可是到了唐代，又把《管子》归入了法家。原因何在？还要从《管子》一书的内容说起。

《幼官篇》开头便说“若因夜虚守静”，这与老子提倡的“致虚极，守静笃”十分相似。在《心术篇》中，管子则说：“动则失位，静乃自得。”又讲：“纷乎其若乱，静之而自治。”还讲：“去欲则宣，宣则静矣；静则精，精则独立矣；独则明，明则神矣。”此种种观之，看来管子是主张清静的，道家不也是如此吗？《心术篇》中还提到：“大道可安而不可说。直人之言，不义不颇，不出于口，不见于色，四海之人，又孰知其则？”这和《老子》一书中的“道可道，非常道”又非常相似。至于“以无为之谓道，舍之之谓德”句，似乎颇与道家的“无为而治”相通！

不仅如此，像《白心篇》中“名满于天下，不若其已也。名进而身退，天之道也”，与道家的功遂身退之说相同，《内业篇》中的“夫道者，所以充形也，而人不能固。其往不复，其来不舍。谋乎莫闻其音，卒乎乃在于心；冥冥乎不见其形，淫淫乎与我俱生”，与道家恍惚的道论高度雷同。如此种种，怪不得汉代的人把《管子》一书归到了道家系列。

问题在于，道家主张清静无为，可是管仲辅佐齐桓公“九合诸侯，一匡天下”，哪里像是清静无为的人呢？除了上面提到的道家思想之外，《管子》一书中也有很多法家思想。

比如《君臣篇》就说，“国之所以为国者，民体以为国；君之所以为君者，赏罚以为君”，分明主张体恤民生、尊君赏罚，与道家“小国寡民”的格局根本不同；管子甚至在《法法篇》赤裸裸地说，“法者，民之父母也”“法者，天下之至道也，圣君之实用也”。《禁藏篇》也说：“法者，天下之仪也，所以决疑而明是非也，百姓之所悬命也。”《明法篇》则载：“以法治国，则举错而已。”把法律看成民众的父母、天下的大道、天下的仪表，还率先提出“以法治国”的策略。如此一来，《管子》不列入法家，又列入哪一家呢？

不仅重法，《管子》还尤其重令。《重令篇》明确强调：“亏令者死，益令者死，不行令者死，留令者死，不从令者死。五者死而无赦，惟令是视。”五死之令杀气腾腾，怎么能放到道家一派？

有人可能会疑惑：管子也讲礼、义、廉、耻，怎么不说他是儒家？其实，在《任法篇》中，管子指出："所谓仁、义、礼、乐者，皆出于法。"又说："君臣、上下、贵贱皆从法，此谓为大治。"管子虽然讲仁、义、礼、乐，但是与儒家的仁、义、礼、乐有根本差异。管子的仁、义、礼、乐来源于法，在实际操作之中，国家统治秩序，就是君臣、上下、贵贱之类，也是依法行事，与儒家的礼治风马牛不相及。因此，管子不可能被归入到儒家之中。

那么，管子到底属于哪一家呢？确实很难判定。从《管子》一书中的内容来看，既有道家的内容，也有法家的内容，甚至也有儒家、兵家的东西在里面。之所以如此，可能在管子死后，后人将很多内容增入到《管子》一书中，托称管子所作。此外，我们对道家、儒家、法家的印象，一般都是在老子、孔子、韩非子之后才大讲特讲。管子的时代却在老子、孔子之前，他本人也不可能有以道家、法家自居的意识。总之，《管子》一书非常复杂，而管子本人的学问也确实博大精深、浩瀚无涯。

小　结

齐国最初是姜子牙的封国。姜子牙辅佐武王夺取天下，成为超级军师。如果没有姜子牙，周王朝能否在伐纣的军事冒险中胜出，都是问题。回到封国齐国之后，姜子牙以弹丸之地，先后抵御了附近部落的攻击，为齐国后来的发展奠定了坚实的基础。四百年后，齐国又出现另外一位超级军师管仲。在管仲的辅佐下，齐国从一个中等国家一跃成为超一流的强国。管仲无疑是齐国称霸天下这一神话的缔造者。

就是这么一位政治强人，曾经家境贫寒，为了填饱肚子，照顾家人，他几乎干过各种各样的营生，小商贩、投机者、幕僚、逃兵……幸亏有至交好友鲍叔牙的支持，他才没有被生活打败。当一个阶下囚被齐桓公直接拜为相国的时候，管仲心中只有一个目标：让齐国雄霸天下！为了实现这个目标，他和齐桓公以及齐国民众一起等待了将近四十年。

在生活作风上，管仲颇受后人指摘。虽然《管子》书中也讲仁义，但是管子本人从来就不是一个正人君子。比如前方打仗，他撒腿就跑，不以逃兵为耻，而以赡养老母为要；身为相国，齐桓公尊称他为“仲父”，但他一点儿都没有勤俭节约的想法，他的私人财产都快赶上国库了；他广置田宅、集纳美色，据说，他甚至曾在齐国大开妓馆，并加以课税。

但是，在治理军国大事上，管仲确实是那个时代无与伦比的政治家，既留下了“尊王攘夷”“国之四维”这些宝贵的政治理念，同时在开拓霸业的过程中，一次次无情地利用货币战争、谷物战争等摧垮敌人。更为可贵的是，即便在最荒唐的政治事件中，他也能及时发掘出最有利的因素，从而提高齐国的威望，譬如将“一个女人引发的战争”成功地转变为“尊王攘夷”的正义战争。他的政治思想包罗万象，以至于后世的道家、法家、儒家、兵家等，都能从中找到与本门本派相契合的地方。

推荐阅读

阅读篇目：

《史记·管子列传》《管子·牧民》《管子·弟子职》《管子·小匡》等。

阅读书籍：

1.《管子》，李山 译注，北京：中华书局，2016 年。
2. 梁启超:《管子评传》,《诸子集成》第 5 册，上海:上海书店，1986 年。
3. 黎翔凤:《管子校注》，梁迎华整理，北京：中华书局，2004 年。
4. 宋鸿兵:《货币战争》，北京：中信出版集团股份有限公司，2017 年。

墨子：兼爱天下，抗礼儒学

先秦诸子百家之中，有一“家”极具特色。百家之中，唯有这一“家”最有实力与儒家PK。他们最能代表草根阶层的呼声，内部组织最为严密，守城科技最为精通，最能吃苦，最不怕死，最具苦行僧与圣战士的双重色彩……在茫茫人海之中，他们非常容易识别，穿的衣服最破，精神头儿却最足，肤色通常最黑。这一派便是“诸子百家”中的墨家，它的创始人便是墨翟。

儒墨两家都是先秦时期的显学。孔子是儒家的圣人，《史记》破格为孔子作了只有王侯才有资格的《孔子世家》。墨子是墨家的圣人，可是《史记》不曾为墨子立传，仅仅在《孟子荀卿列传》末尾附上一句：“盖墨翟，宋之大夫，善守御，为节用。或曰并孔子时，或曰在其后。”到了汉代，显赫一时的墨学已经式微，就连知识渊博的司马迁对墨子都知之甚少。在古代中国，尤其自秦汉之后两千多年来，墨家基本上没有任何地位。究竟发生了什么，让墨子和他开创的墨家迅速走向时代的巅峰，使得万人敬仰，又急速跌入历史的绝谷，从此一蹶不振？

墨子生平

墨子名翟，一说是鲁国人，二说是宋国人。因为根据《墨子》的记载，墨翟经常往来于鲁宋两国之间，对鲁国的儒家学说十分熟悉，在宋国也做过大夫。住的时间久了，人们便怀疑他不是鲁国人，而是宋国人。

至于在世时间，司马迁说墨翟既可能和孔子是同时代的人物，也可能是孔子之后的人物，两种说法中后者更为可信。如果墨翟真是和孔子同时代的人物，名声又那么大，无论他在鲁国，还是宋国，孔子及其弟子肯定知道，所以在《论语》等著作中不可能不有所提及。此外，根据《墨子》的记载，我们知道，墨翟熟稔儒家的学说，也说明他是孔子之后出生的人物。墨翟对儒家学说太熟悉，以至于后来有人怀疑他本就是儒家的弟子，学习过孔子的学问——《淮南子》就是这么认为的，不过可信度并不高。

当孔子创立的儒家声动四方的时候，半路上遇到了一位劲敌。墨家也自称继承圣王衣钵，不过与儒家崇拜文王、周公不同，墨家尤其崇拜大禹。因此，墨子开创的墨家几乎处处与儒家作对。比如，墨家就特别讨厌礼仪，也不喜欢音乐，特别崇尚节俭，尤其反对厚葬。他们的生活方式便是衣食住行一切从简，过得像苦行僧一般。

他们的核心主张就是：不分男女老幼、不分亲疏远近、不分贵贱差等，应当兼爱天下一切人。为此，他们反对一切攻击型的战争。为了实现这种主张，墨家成为那个时代最擅长于城墙守卫战的一大派别。墨子在鲁国的时候，鲁国国君也经常向他请教军国大事。墨子一方面告诉鲁国不要担心齐国进攻，只要尊天事鬼、兼爱百姓，齐国没什么可怕的，另一方面也反对鲁国去攻打其他国家，不要做无谓的冒险。

墨子人生事业的巅峰便是止楚攻宋。他在说理的同时与楚国的军工匠公输般斗法，公输般用来攻宋的器械和方略全部用完时，墨子的守城器械和方略还绰绰有余。因此，楚国只能放弃对宋国的进攻。墨子之所以后来能成为宋国的大夫，就与他这段曾经有恩于宋国的经历有关吧。此后，宋国发生动乱，司城子罕自立为君，还囚禁了墨子。晚年的时候，墨子到了齐国，继续鼓吹他的“兼爱、非攻”学说。现实总是残酷的，战国的兼并战争正如火如荼地进行，这种局面显然不是墨子一人能够扭转的。

墨子作为墨家的巨子，门人弟子很多，都是清一色的敢死之士。墨家又分化为三派，分别把墨子的学说记录下来，编成了《墨子》七十一篇。到了今天，我们也只能看到五十三篇而已。墨子应该八十多岁才去世，至于死在何年何地，死于何因，又是一个谜。葛洪在《神仙传》里面说，墨子在八十二岁的时候，跑到周狄山学道修仙去了。也许是葛大仙修仙有瘾，所以推己及人，恨不得这些先贤都去修仙。

兼爱天下：墨子的理想国

“爱”是个美妙的字眼，也许是有史以来人类发明的最美妙的字眼。人与人相处必须有爱的存在，爱的种类虽然不尽相同，有家人之爱、男女之爱、朋友之爱，但是同样能够打动人心。如果没有爱，那么这个世界便是一片荒芜。

儒家讲仁爱，爱自己的父母、兄弟，然后邻里，然后朋友，然后社区，然后国家、天下，层层推进。儒家的仁爱是有差等的，是从父母子女之间的爱发端的。墨家最核心的思想就是“兼爱”，直接要求人们无差等地爱天下人。

没有做不到，只有想不到，墨子的兼爱思想确实让人脑洞大开！墨家认为，天下大乱的根源何在？那就是人们只知道爱自己的父母、兄弟，而不爱别人的父母、兄弟。这种道德观念太狭隘了，就连盗贼也能如此，不是吗？所以，人们可以为了自己的父母、兄弟、国家，去攻击别人的父母、兄弟、国家，还认为是理所当然的。

假如天下人爱别人的父母、兄弟、国家，就像爱惜自己的身体一样，那不就天下太平了吗？哪里还会有盗贼呢？把别人的父母当成自己的父母，还会去伤害他们吗？把别人的兄弟姐妹当成自己的手足，还会迫害他们吗？把别人的国家当成自己的国家，哪里还会互相攻打呢？墨子还说：“仁人之所以为事者，必兴天下之利，除天下之害。”怎样才能为天下兴利除害？无非就是：“视人之国，若视其国；视人之家，若视其家；视人之身，若视其身。”

当时有人听了这种观点，直接就乐了：墨子您在逗我们吗？您可以把别人的父母、兄弟、国家当成自己的父母、兄弟、国家，可是别人不这么想啊！你不打他们，他们就打你！让天下的老百姓都这么去做，可能吗？

墨子振振有词：哪里不能实现了？我给你举几个例子——大家都讨厌穿

破烂的衣服，可是晋文公在位时，因为他喜欢别人穿破烂的衣服，所以大臣、百姓都跟着穿破烂的衣服；大家都害怕饿死，可是楚灵王喜欢人们曼妙的细腰，大家宁可饿死，也要瘦起来；大家都害怕死亡，可是越王勾践喜欢勇猛的将士，一次宝船失火了，越王亲自擂鼓，将士都去拼命救火，死了一百多人……所以，只要君主能以身作则，再难的事情也能做到。

别人又说，您说的这些例子和兼爱根本就不是一回事儿。您提倡的兼爱天下的理论就如同要手提着泰山去跨越黄河，未免太不靠谱了吧！

墨子眼睛中既露出鄙夷的神色，也散发出坚定的光芒：我告诉你吧，你说兼爱做不到，可是在大禹君临天下的时候就做到了，在周文王统治西方的时候也做到了；我们墨家的事业就是要追随圣王的足迹，让兼爱的福音传播到神州大地的每一个角落……到了兼爱实现的那一天，王公贵族都能安心从政、黎民百姓也可以衣食无忧，为人君主的必定会爱护自己的臣下、为人臣下的必定会忠于君主、为人父母的一定会慈爱、为人子女的也一定会孝顺、为人兄弟的一定会相亲相爱……

就当墨子在憧憬着多姿多彩的未来时，别人心里想的却是：周文王、大禹这些人都死了几百上千年了，你怎么说都行；墨家这帮人看起来已经疯了，不可理喻、无可救药了……

人生要有梦想，生命才有动力。当我们觉得儒家的“大同社会”梦想不可思议、遥不可及的时候，我们再来接触墨家“兼爱天下”的社会梦想，十之八九会心里“咯噔”一下，乃至当场跪倒。世界那么大，果然什么人都有！

还好，一种思想的价值高低从不以能否实现为唯一的评判标准。若干年后，当人们读到《马太福音》“论爱仇敌”的教诲时，重新发现了墨子的智慧。《马太福音》中载：“你们听过这样的教训说：‘当爱你的朋友，恨你的仇敌。’但是我告诉你们：要爱你们的仇敌，并且为迫害你们的人祷告。这样，你们才可以作天父的儿女。……”

“论爱仇敌”的智慧出自《圣经》，两千年多年来，为无数的基督徒知晓，发挥了不可磨灭的力量。殊不知，耶稣诞生前几百年，墨子的“兼爱思想”不就已经达到惊人的高度了吗？如此相似的理论，正说明墨子对天下百姓的关心以及思考都达到了“神”一般的水平。可惜，两千多年来，《圣经》的博爱理论逐步扩张，而墨子的“兼爱思想”则黯然不彰。难道这就是传说中的命运吗？不由得让人替墨子感到心累。

极其强悍的守城之神

先秦诸子之中，要说哪一家最会打仗，兵家当然是当仁不让的老大哥。但是要说哪一家最会守城，恐怕就连兵家也得让墨家几分面子。

墨家不是雇佣军，作为大禹的信徒，作为兼爱的信徒，他们却把替人守城看成义不容辞的事情。他们组织不大，也就几百人而已，甚至都算不上一个军队。可是，就是这帮人，看起来像要饭花子，一旦守其城来，却经常让最精锐的攻城部队内心完全崩溃。

作为先秦时期最精锐的守城者，墨家一不小心就开启了“战神”的模式。冰冻三尺，非一日之寒，战神也绝对不是一天练成的。墨家和儒家一样，根本宅不住，喜欢东奔西走。闲下来的时候，墨家也不用上文化课，艺术课早就一律取消，外文水平仅限于勉强听懂邻近几国的方言。他们最拿手的好戏就是飙体能以及玩守城技术。

墨家的守城方法太完备了，我们试着举出几个例子。墨家将攻城的方法总结为十二道，分别是临（城外堆成土山，居高临下）、钩（用钩子钩城墙）、冲（冲车攻门）、梯（架云梯）、堙（把城外的护城河填满）、水（水攻）、穴（挖地道）、突（突袭猛攻）、空洞（和挖地道差不多）、蚁傅（士兵组成密集阵型强攻）、轒辒（fén wēn，古代坦克，重甲开到城墙下，再凿穿城墙）、轩车（楼车，可四周移动）等。墨子对付攻城，不管它几路攻来，我只一路守好，守城的基本原则就是：城池完整、器械完备、粮食充足、上下一心、做好外援。剩下的就是墨家的各种拿手绝活儿了。

在守城过程中，墨子几乎用到了那个时代所有的器械，比如长斧、长枪、长镰、长锥、巨弩，也有锅、碗、瓢、盆、木、石、瓦、车、井、蒺藜等，甚至连在城墙上隔五十步（约等于今天的七十米）设立一个厕所，以便妥善收集粪便之类琐碎的工作也会事先安排好。为了守好城，必须全城总动员。五十步之内，壮丁十人，丁女二十人，老人和小孩十人，共四十人。敌军十万人来攻，假如四面环攻，我方一面用男女老幼四千人便足以抵挡。攻守比例六比一，守方依然能占优势。对于最常见的木头，墨子却极为重视，他说："守城之法，必数城中之木。"把木头分为十人、五人能举动的两类，随时待命。凡此种种，不一而足。在守城方面，没有什么计谋是墨家想不到的，也没有什么材料是墨家用不到的。

战国时期，楚国已经十分强大，号称"带甲百万之国"。宋国不过是蕞（zuì）尔小邦，稍不留神，就会得罪楚国。大国攻打小国也未必需要什么理由，可能楚国这边只要一不开心，或者非常开心，就把军队开到了宋国，让宋国人吓得要死。这一次，楚国像往常一样，大造云梯，计划攻打宋国。为楚国制造攻城器械的正是大名鼎鼎的公输般，就是现在连小孩子都特别熟悉的"鲁班七号"（热门手机游戏中的人物）！

公输般本来是鲁国人，所以人称"鲁班"。可是后来不知怎么搞的，他到了楚国，为楚王效力。当时，墨子还在齐国（一说是在鲁国待着），听说楚国要攻打宋国，一个人连续奔走了十日十夜就到了楚国的首都。一般情况下，强行军每天行军十二个小时以上，也不过 50 千米。从曲阜到荆州大概有 900 千米，那时候道路状况又差，相当于墨子一天一夜要急行 90 千米！普天之下，也只有墨家人体能那么好，那么不惜命！到了楚国首都，墨子脚上的老茧不知道掉了几层皮，史书记载他是"裂裳裹足"，鞋子都磨没了，就把裤子不断撕啊撕的，裹在脚上当鞋子穿。

墨子见到公输般的第一件事不是谈攻宋，而是请公输般帮他杀人。鲁班很不开心："我怎么能做杀人这种事？"墨子说："我给你十块钱，怎么样？"鲁班怒了："我会为了钱就帮你去杀人吗？"墨子看到鲁班中招很开心，说："杀一个人的买卖你不做，现在倒好，你要帮助楚国去打宋国，不知道要杀害多少无辜百姓呢！"鲁班理屈，只好说："这又不是我要干的，您得找楚王理论去！"楚王很不爽，又对墨子说："我也不想打宋国，问题是鲁班都给我造好云梯了，必须打！"墨子理论不出个所以然，就只好跟鲁班两人各自放大招了。

于是乎，鲁班和墨子开始在模型上比画攻守之道。你杀？我躲；你杀？我闪；你又杀？我再躲……九个回合下来，鲁班已经没血没蓝了，却发现墨子还满血地站在那里，还有大把“法宝”没用！鲁班崩溃了，想要作弊：我可以现在直接干掉你墨子，信不信？看你怎么守城？鲁班的小无赖早就被墨子看穿，墨子说：“你就是杀死我也没用。我的弟子禽滑厘等三百多墨家子弟此时此刻已经在宋国城墙上恭候你们了。”楚王惊呆了，只能叫停攻打宋国的计划。

墨子在拯救了宋国之后，按照常理，他路过宋国应该享受王者归来般的超规格礼遇。然而，墨子就是墨子，对自己的丰功伟绩毫不在意。等路过宋国的时候，天降大雨，墨子想要到宋国的巷子里避避雨，不料守卫不同意他入城，反而撵他走。墨子什么话也没说，在瓢泼的大雨之中，拖拉着几块碎步裹起来的鞋，默默地踏上了归程……每当读到《墨子·公输篇》的末尾“治于神者，众人不知其功”，总让人唏嘘不已。试问：墨子作为墨家的圣人，在战国时期能和儒家的孔子齐名，难道是偶然的吗？

自苦不休，天下不堪

《庄子·天下篇》中说墨子他们要像大禹一样，“腓无胈，胫无毛，沐甚雨，栉疾风”，一定要让自己劳苦不休，让小腿瘦得没什么肉，腿毛磨得长不出来，用大雨来洗头，让大风来吹干。难道墨家就是传说中的自虐狂？《庄子》也提出批评，“墨子虽独能任，奈天下何”，您老人家能从劳苦自虐中获得满足，可是天下人都是凡夫俗子，哪里做得到啊！

墨家有一种狂热的献身精神，他们看到天下那么多百姓处在饥寒交迫之中，便想方设法要去拯救世人。为了提倡艰苦朴素的精神，他们本身就是一个个移动的宣传楷模。并且能以身作则，在做好自身的前提下，再去要求别人。其中，比较突出的就是节用。

节用的思想主要是说给统治者听的，只有统治者做到了节用，百姓的生活才会好过很多。何为节用？具体而言，在器物上，什么锅碗瓢盆之类的，只要够用就行，不需要那么多雕刻装饰；在饮食上，够维持基本生存的就可以了，什么五香六味的统统不要；衣服嘛，冬天不冷，夏天不热，足矣！其他锦绣什么的都是多余；在车辆、船舶、宫室等方面也是如此，只要满足基本需要就可以了，其他的要求都很过分。

墨家的最高理想是恢复到先王尤其是大禹统治下的世界，在那个世界中，兼爱是最高法则，人人都以此为理想，哪怕上刀山下火海，也在所不惜。在衣食住行上极度克制，将最大限度地减少对物质生活的依赖，作为提升自己精神追求的最佳方式。

墨家艰苦朴素，十分克制，但不是那种两耳不闻窗外事的苦行僧，他们的目标是拯救世人。有了至高的理想信念作为支撑，所以即便过着常人难以忍受的生活，他们也乐在其中。墨家的这些作为很容易让人联想到十六世纪西方的清教徒。清教徒讨厌繁文缛节，提倡简单平实的生活，在上帝面前，人人平等。他们严格限制世俗的欲望，积极进取，对未来生活洋溢着充足的信心。正是在清教徒精神的鼓舞下，十七世纪初，“五月花号”船抵达了北美洲。不夸张地说，如果没有清教徒，就没有后来美国的建立。

可是，既然墨家和清教徒有那么多类似之处，为何清教徒后来影响那么大，而墨家却很快偃旗息鼓了呢？道理很明显，墨家在艰苦朴素上面走过了头。假如让最底层的奴隶艰苦朴素，完全没问题，因为奴隶的生活本就极其困苦，墨家的艰苦朴素对他们来说可能都算是改善生活了。但是，你让为数众多的平民劳苦不休，穿得破破烂烂、吃得清汤寡水，他们受得了吗？还有不少有身份有地位的士人，更不可能像墨家那样自苦了。用《庄子》的话说就是：“恐其不可以为圣人之道，反天下之心，天下不堪。”

儒墨两家的互撕

先秦时期儒墨两家名声都很响亮，名声响亮的原因除了他们自身都很厉害之外，还因为儒墨两家互撕的程度异常凶猛。好就好在这两家都是有头有脸的门派，门下都是正义之士。所以君子动口不动手，互撕止步于隔空对骂，并没有发生实质性的暴力事件。

儒家里对墨家攻击得最为犀利的是孟子，他毫不客气地说："杨氏为我，是无君也；墨氏兼爱，是无父也。无父无君，是禽兽也。"杨朱有点像极端个人主义，据说如果拯救天下只需要拔他身上的一根毫毛，他都是不愿意拔的。墨子呢，之前我们也提到过，核心思想就是兼爱天下之人。孟子说，这种兼爱看起来好听，其实就是不孝。连自己的父母都不孝顺，怎么可能孝顺天下人的父母？这不等同于连自己父母都不认了吗？墨子啊，简直就是禽兽！

墨家本来就对儒家没有什么好感，在《墨子》一书中便有专门的《非儒》一文。如此点名道姓，难怪后来孟子对墨家毫不客气了。《非儒》中到底说了些什么呢？

在《非儒》中，墨家对儒家的攻击包括以下这些：

儒家的丧礼非常复杂，人死了不赶快埋掉，反而讲什么"事死如事生"，连生死都搞不清楚，真是蠢到家了！儒家这帮人就喜欢替人操办丧事，一听说有富家大户死了人，就开心得不得了——"这下可以衣食无忧了"。

儒家还讲什么"死生有命，富贵在天"，纯粹是一派胡言！官吏听了这种话，就容易怠忽职守；百姓听了这种话，就容易荒废耕种。既不好好从政，又不好好种田，难道儒家想让天下大乱吗？

这群人老爱提什么复古，动辄说什么"述而不作"。殊不知，没有后羿，谁来创造弓箭？没有伃（yú），谁来发明兵甲？没有奚仲，谁来创造车辆？没有巧垂，谁来发明船只？难道在儒家看来，后羿、伃、奚仲、巧垂这些人都是小人吗？果真如此，你们儒家有本事别用弓箭、兵甲、车辆、船只啊，我看你们怎么生活。

儒家君子的持身之道更可笑，讲什么"君子若钟，击之则鸣，弗击不鸣"，一定要端着一副架子，让别人来请。难道这就是儒家的为人臣子之道吗？天下大乱了，遇到强盗了，起火了，还在那里傻等吗？该做的不做，岂不是教坏了天下的官吏、父子、兄弟？

…………

除了自己把儒家臭骂一通之外，墨子还不忘援引晏子的话作为旁证。当然，晏子的话被墨家加工过了。晏子说："孔某盛容修饰以蛊世，弦歌鼓舞以聚徒，繁登降之礼以示仪，务趋翔之节以观众，博学不可使议世，劳思不可以补民，累寿不能尽其学，当年不能行其礼，积财不能赡其乐，繁饰邪术以营世君，盛为声乐以淫遇民，其道不可以期世，其学不可以导众。"看到这种骂法，孟子他们能不上火吗？

除了《非儒》之外，《节葬》《非乐》等篇章也都旗帜鲜明地攻击儒家。儒家伦理首推一个"孝"字，后世所谓"百行孝为先"。这个孝顺不仅是在父母生前尽孝，父母死后依然守三年之丧，此后还要每年祭奠。"生，事之以礼；死，葬之以礼，祭之以礼"，说的就是无论父母生死都要尽孝。可是墨家却非常排斥儒家这种繁缛的葬礼。

老实说，孔孟他们本人还真是从来没有主张过厚葬，但由于儒家对葬礼的积极提倡，落实到民间，自然而然就容易刮起厚葬之风。如果生前对父母十分孝顺，那么父母死后，孝子贤孙总不会吝啬为死者办一个风光体面的葬礼吧。如果生前对父母不孝顺，那么父母死后，子孙也会琢磨，生前来不及尽孝，现在二老都过世了，总该好好办一个葬礼弥补一下，以告慰二老的在天之灵吧！就是不为死者考虑，生者不也要面子不是？过于简单地就把父母的尸骨打发了，还不得被乡里乡亲的戳破脊梁骨？所以，这钱省不得，必须好生安葬！

墨家却不这么认为。首先，厚葬久丧根本不能均贫富、定社稷啊！其次，守三年之丧，那么多礼制，百姓不也得夏天热死、冬天冻死？再说了，三年不能婚嫁，"此其为败男女之交多矣"，怎么为国家人口的增长作出贡献啊？读到这里，就让人有些疑惑，照理说，墨家都是禁欲主义者，怎么突然提什么"男女之交"？看来，为了攻击儒家，墨家也是拼了，顾不得那么多了。

为了说明厚葬是罪恶的，墨子反复强调"今唯无以厚葬久丧者为政，国家必贫，人民必寡，刑政必乱"。想要成为仁义之士，必须节葬；想要恢复圣王之道，必须节葬；想要为百姓兴利，必须节葬。按照墨家的理论，到底怎样才算节葬呢？只用棺不用椁，棺材厚三寸就够了。随葬的衣服三件足矣，挖掘的土能够埋人就行了。哭着过去下葬，下葬完之后哭着回来，然后该怎么饮食穿衣就怎么饮食穿衣。儒家认为守三年丧，是因为父母去世，子女于心不忍，没有心思像平常一样衣食起居。墨家既然把天下人的父母都当成自己的父母，哪里会在乎这些，必然主张节葬了。所以，孟子骂墨家简直是禽兽，对父母连这点儿基本的人情都没有。

“移风易俗，莫善于乐”，儒家非常看重音乐对教化百姓的作用，《礼记》一书中就专门有《乐记》一篇讨论正声雅乐的价值。《诗经》三百多篇也都是歌词，可以唱出来。孔老夫子音乐造诣本来就非常高，跟着师襄子学琴，完全领悟了《文王操》的精髓。在齐国听到韶乐，他快活得“三月不知肉味”，把握了音乐欣赏的三昧！然而，墨子对音乐却有着近乎天生的反感。

墨家反对音乐的大旗还是“兴天下之利，除天下之害”，以仁人自居。墨子认为，老百姓的生活真是艰难啊，“饥者不得食，寒者不得衣，劳者不得息”。这个时候，国家还浪费民财去制造钟鼓、琴瑟、竽笙、干戚等，不会导致天下大乱吗？这些乐器的制作费用如果不是聚敛民财，又从哪儿得来呢？作乐的目的是让王公大人快乐，但是这种快乐却建立在百姓的痛苦之上。所以说，仁人志士“兴天下之利，除天下之害”，就应该反对作乐。

再说了，什么叫分内之事、分外之事？王公大人听朝理政，这才是分内之事；士君子尽忠职守，这才是分内之事；农夫认真耕种，妇人认真纺织，这才是分内之事。想要治理好国家、天下，就应该让天下人各司其职，专心完成分内的事情。音乐这种事情怎么能算作分内之事呢？

墨家和儒家互撕的结果非常明显，特别是在汉武帝“罢黜百家，独尊儒术”之后，墨家几乎已经在江湖上绝迹了。他们的存在就如昙花一现，那么绚烂，又那么短暂。他们对草根百姓的艰辛最为理解，也最热衷于为天下苍生谋福利。为此，哪怕过着最清苦的生活，哪怕刀山火海，他们都不会皱一下眉头。即便如此，墨子及其墨家在被儒家打败之后，还是不可避免地被湮没在了浩浩荡荡的历史大潮之中。

小 结

墨家最具献身精神，既是日常生活中的苦行僧，也是守城战役中的圣战士。他们走到哪里，都是底层百姓追捧的对象。可惜，就连一般百姓也难以忍受过墨家子弟那般的生活。他们以大禹的信徒自居，自以为找到了最理想化的人间社会——兼爱，沐风栉雨，日夜劳苦，理所应当地成为先秦时期足以和儒家对抗的显学。

然而，他们的主张过于极端，目标过于理想。儒墨的两位圣人，孔子在后世成了万人敬仰的“至圣先师”，而墨子几乎快被世人遗忘。孔子的五经成了中华传统文化最核心的经典书籍，而《墨子》一书，两千年来，凄凄惨惨戚戚，罕人问津。

不过，这又有什么关系呢？白居易在《放言》诗中说：“松树千年终是朽，槿花一日自为荣。”墨子为了“兴天下之利，除天下之害”，确实用尽了全部的生命与精力，却从不邀功请赏，“治于神者，众人不知其功”，他活出了墨家人最质朴的精彩！只要这个世界一天还有不正义的侵略战争，只要这个世界还有人昧着良心锦衣玉食，却不顾百姓死活，只要这个世界还有人活在奢华与虚荣之中，那么墨子与墨家思想就依然具有价值。

推荐阅读

阅读篇目：

《墨子·兼爱》《墨子·非儒下》《墨子·非乐上》《庄子·天下》等。

阅读书籍：

1. 任继愈：《墨子与墨家》，北京：商务印书馆，1998年。
2. 孙诒让：《墨子间诂》，孙启治 点校，北京：中华书局，2001年。
3. 吴毓江：《墨子校注》，孙启治 点校，北京：中华书局，2006年。

公孙龙：白马非马，辩说达人

墨子死后一百多年，名家巨擘公孙龙横空出世。关于公孙龙的学说到底出自哪一家，学界颇有争议，一说出自墨家，二说出自道家，三说出自古代礼官。由于墨家的核心思想是“兼爱”，而公孙龙也主张兼爱，故此，我们暂且不妨认为公孙龙这一派由墨家演变而来，推陈出新，继而发展成为新的门派，也就是名家。

名这个东西看起来不过是一种称呼，其实关系很大。孔老夫子就说过“名不正，则言不顺；言不顺，则事不成”，只有名正言顺，才能把事情办得漂亮。他还提到“惟名与器，不可以假人”，名义可不是闹着玩儿的，尤其是君主的名义，断然不可以轻授他人。相较之下，公孙龙提出的名学比这个要复杂得多。

日常生活中，我们时常会听到“循名责实”“名不副实”“不可名状”等成语，却很少有人对名、实进行深入的分辨。早在两千多年前，公孙龙就注意到了名实之间的关系，抛出了“白马非马”的著名理论，由此一炮走红。他开创的名家能够跻身于儒家、墨家、道家等行列之中，也绝非浪得虚名。

公孙龙生平

先秦时期有两个公孙龙：一个是孔子的弟子，春秋时候的人；另一个就是名家的创始人，年代稍晚一些，战国时候的人。今天我们要隆重介绍的是后者。

战国时期，社会非常混乱，思想界却空前活跃。从春秋末年到战国中后期，前后不过两三百年，却涌现出那么多第一流的大思想家。此后两千年，以至于今，再也没有第二个时代能与之媲美。公孙龙的时代可谓大师荟萃，齐国有发明五行学说的邹衍，鲁国有大儒孟子，赵国有大儒荀子，宋国有庄子和惠施……想要从这些人中间脱颖而出，如果没有几把刷子，肯定会被迅速碾压。

公孙龙非常有名，司马迁却没有为他立传。没有立传的原因不是因为名家后来的衰落，而是恰恰因为公孙龙当时太有名了，司马迁觉得真心没必要再为他立传了，所谓“世多有其书，故不论其传云”。

他的诡辩能力超强，一次骑着白马要通过关卡，按照官方命令，骑马的一律不予放行。只见他不慌不忙，开始和关卡守令理论，成功地让他相信白马不是马，最后闯关成功！具体是怎么理论的，我们下文再集中分解。

世人遇到公孙龙，只要一张口，基本上都会发现自己理屈。他曾经到了燕国，接受燕昭王的款待。燕昭王可是一代霸主，雄才大略。正是在他的领导下，燕国几乎把齐国全部吞灭。燕昭王想要休战养民，结果被公孙龙驳得哑口无言。公孙龙说：大王您之前想要攻破齐国，凡是有志于破齐的人、通晓齐国山川险要的人，您都会供养他们；后来，凭借他们的力量，您果然攻破了齐国，夙愿以偿。现在您说要休兵，可是您的朝堂之上依然还是这些善于用兵的人啊！燕昭王不说话，燕昭王很生气……公孙龙离开了燕国。

公孙龙回到赵国之后，成为平原君赵胜的座上客，三番五次为赵国出谋划策。有一次，秦国和赵国结成军事联盟，按照盟约：“秦之所欲为，赵助之；赵之所欲为，秦助之。”之后，秦国举兵攻打魏国，赵国想要去救援魏国。这个时候，秦国国君十分愤怒，派人来向赵国问罪。赵国自知理亏，不知道该如何回复秦国使臣。于是，公孙龙挺身而出，反而请赵国派出使臣去反问秦国，根据盟约，为什么我们赵国要救魏国，你们却不帮助我们赵国，反而攻打魏国？不遵守盟约的正是你们秦国！公孙龙正是略施小计，利用了反向逻辑，倒打一耙，为赵国挽回了外交局面。

毕竟是受墨家的影响，公孙龙也继承了兼爱思想。赵国国君问公孙龙，为什么这几年来，寡人想要休兵，可是怎么也办不到呢？公孙龙举例说：很简单啊！想要休兵，就该有兼爱之心。赵国的国土被秦国占领，您穿丧服哀悼；攻占了齐国的国土，您就加餐痛饮。这哪里是兼爱之心呢？没有兼爱之心，您怎么能真正做到休兵养民？

此外，公孙龙还举出了孔子的故事。说是楚王丢失了宝弓，臣下请求到处搜寻。楚王说："不要找了！楚王丢了弓，也会是楚人捡到了弓，何必去找呢？"孔子听到后，觉得楚王有几分仁义的样子，但是做得远远不够。认为楚王应该说："不要找了！一个人丢了弓，另一个人捡到了弓。"何必一定要楚国人捡到呢？这样的思想不也是兼爱的体现吗？

公孙龙作为那个时代闻名遐迩的辩士，少不得有人来找他过招，当然也有拜师学艺的。据说，公孙龙曾经著书十四篇，但是传到后来也只剩下了六篇而已。书中的内容，乍读起来会觉得十分诡异，"咦，他怎么会这样想？"可是，一旦读明白之后会发现，其实他说的并不诡异，只是自己原来不曾想到罢了。

白马非马

公孙龙的成名事件就是成功地论证出"白马非马"，让守关的人乖乖地违背了骑马者不许出关的命令。依照现在的理解，我们肯定不会把木马当马，一如不能把机器人当人。但是，这种理论一旦蔓延开来，也容易产生一些困扰，比如人是人，那么男人是人吗？如果男人非人，那么女人呢？呃……我们还是先来看看两千多年前，公孙龙是如何论证白马非马的吧。

马呢，是一种形貌；白呢，是一种颜色。如果依照形貌定名的话，马自然是马，白马就不是马了。一旦把白马当成了马，那么就是用颜色来定名，而不是用形貌来定名了。咦！他好像说得有几分道理。

一般来说，如果要找马的话，拉来黄马也好，黑马也罢，都没问题。可是，如果要找白马的话，拉来黄马、黑马就绝对有问题了。按照这种逻辑，白马的特殊性非常明显，所以白马就不是马呀！逻辑有点乱，我们捋一捋。

条件一：找黄马、黑马＝找马

条件二：找黄马、黑马≠找白马

结论：白马非马

呃，有点晕了……

别人就各种反问，公孙老师却不慌不忙地进行讲解。

“把白马当成黄马，可以吗？”

“当然不可以！”

“既然这位同学知道黄马不是白马就好说了。按照你的逻辑，既然黄马不是白马，白马又是马，所以黄马也不是马咯！既然黄马都不是马，那么白马当然不是马了！”

呃，又绕开了。我们继续捋一捋。

条件一：黄马≠白马

条件二：白马＝马

（正推）结论一：黄马≠马

（反推）结论二：白马非马

有的同学估计要抓狂了：天哪，这样子也行？

看到大家在发愣，公孙老师一脸不屑，这么简单的道理居然还不明白！决定马之所以为马的不是颜色，对吧？所以，你把白马还当成马，不是用白色来取决吗？显然不对！不要纠结于白色啊，白色是很多事物都具有的颜色，绝非马所独有，明白吧？所以呢，暂时不要管白色。

再换种思维进行思考，说马，白色、黑色、黄色的马都可以。可是说白马是马，那就活生生地把黑马、黄马剔除在外了，让它们无所归属。所以说，白马非马。呃，有人估计又开始眩晕了，我们再来捋一捋。

前提：马＝白马、黑马、黄马……

假设：马＝白马

结论一：黑马、黄马＝？？？？？？

总结论：白马非马

等到守关的人好不容易明白了公孙龙的“白马非马”说，正兴奋地手舞足蹈的时候，公孙龙已经骑着白马出关很远了……

离坚白：挑战你的常识

除了论证白马非马之外，公孙龙的另外一项绝活就是离坚白，就是对坚和白两种属性加以分辨。

你能不能说自己看到了一块坚硬的白色的石头？

不能！

那你能不能说自己摸到了一块坚硬的白色的石头？

也不能！

为什么？

白色是眼睛看到的结果，坚硬是手触摸后的结果，你不能同一瞬间既看得到白色又触摸到坚硬。所以嘛，说一块石头是坚硬的白色的石头本身就有问题。

这个道理其实也非常简单，只是寻常人缺乏这种精微的洞察力。得坚失白，得白失坚，不可兼而有之。看到了石头的白，便失去了石头的坚；摸到了石头的坚，便失去了石头的白。看到了白，坚的属性便隐藏了起来；摸到了坚，白的属性便隐藏了起来。坚和白两种属性的隐藏不是由石头决定的，而是自然而然就隐藏了起来，也非人力所为。为什么会隐藏？因为坚与白本来就是分离的嘛。

万物都有坚硬的，也有白色的，不仅仅石头如此。确定某一种物体为某物的关键因素既不是因为它白，也不是因为它坚。换句话说，万物都不能因为坚或者白而定论，何况石头呢？因此，你怎么能说这是一块坚硬的白色的石头呢？

话再往下说就更有意思了。当你知道的时候，就是你不知道的时候；当你不知道的时候，就是你知道的时候。知道了石头的坚，就不知道石头的白；知道了石头的白，就不知道石头的坚。所以，你是知道呢，还是不知道呢？你能知道自己不知道的吗？换句话说，你是见得到呢，还是见不到呢？你能见到自己见不到的吗？

要知道，坚也好，白也好，都不能孤立。如果两者能够孤立存在，那么石头又成了什么样子呢？有石头，才有坚与白可言。天下有没有没有颜色却被看到的物体？又有没有没有形状却被触摸到坚硬或者脆弱的物体？普天之下，万事万物，难道只有石头的坚和白是分离开的吗？

本来坚白石是常识，大家根本不会怀疑，说这是一块坚硬的白色的石头，没毛病啊！然而，经过公孙老师这么一番解读，乍一开始，我们难免觉得好生奇怪。可是慢慢理解之后，原来公孙老师自有他的逻辑；而且，这种逻辑居然也说得通。

折不完的手杖、三条腿的鸡与不动的影子

庄子和惠施是好朋友，可惜在《庄子》一书中，惠施一般都是作为配角出场，他的最大功能便在于凸显庄子如何英明。实际上，惠施可不是一般的人物。在名家这一门派之中，惠施堪称与公孙龙并驾齐驱的大人物。

《庄子·天下篇》记载了惠施提出的许多特别有趣的论点。据说，公孙龙等善辩之辈还和惠施讨论过。一个很有意思的论点就是“一尺之棰，日取其半，万世不竭”。棰就是手杖，哪怕只有一尺长的手杖，每天折掉一半，你就是折上一万生、一万世，无论如何都折不完。天哪，这怎么可能？

根据逻辑推理，“日取其半”，你会不断折去 0.5 尺、0.25 尺、0.125 尺、0.0625 尺……你会无限折去一半，无限接近于零，但就是不能折完这根手

杖。类似的“取半”的道理，发生在两个人身上，甲乙两人之间哪怕只有一米长的距离，甲每次走一半的距离，走上一万年，他都不会到达乙的位置！可是，事实上，甲真要靠近乙，两步之内就能做到。然而根据数理逻辑，一半的一半反复施行，甲确实又永远达不到乙所处的位置。绝望与崩溃就是这么产生的……

再比如鸡蛋上面有鸡毛吗？常人会说：哪来的鸡毛啊？可是，鸡蛋是鸡下的，鸡有鸡毛。按理说，鸡蛋当然也有鸡毛啊！常人只看到了鸡蛋光滑的外壳，殊不知，这外壳本身生来便具有鸡毛的特性。在鸡蛋出世的那一刻，它就有鸡毛了。

鸡有几条腿？肯定两条啊！可是，公孙龙和惠施偏偏都认为“鸡三足”！是的，你没看错。他们都没发烧，确实认为鸡有三条腿！不会吧，难道两千多年前就有无良商人给鸡打激素，长那么多条腿？难道古人都是吃货，那么喜欢吃炸鸡腿？非也！请相信名家逻辑的力量。

假如你固执地认为鸡有两条腿，那么，请问：这两条腿是从哪里来的？要知道，按照道的法则，是“一生二,二生三”。既然鸡有两条腿，最原来肯定还有一条腿，并且这条腿独立于两条腿之外。看得见的是两条腿，还有一条看不见的腿，一共三条腿！

人也好，鸟也好，都有影子。影子动了没有？当然在动啊，我动，我的影子自然随着我动。可是公孙龙和惠施他们却认为“有影不移”，影子从来不曾动过！没错，他们没疯掉，他们很严肃地认为影子根本没有移动过。

一种解释相对平实：影子只有生灭而已，不曾运动。人和鸟都在移动，可是影子不过是经历了生生灭灭罢了。我们姑且打个比方，一个国家的首都建立好，然后又被灭掉了。之后，另一个国家的首都又经历了兴起与灭亡的命运。对此，你总不能说一个国家在不断迁都吧？只不过是不同的国家经历都城的兴亡罢了，并非一个国家在不断迁都。同样的道理，影子只是一个个生生灭灭的形态，并不曾有任何的移动。

另外一种解释十分玄幻：运动是伴随着时间发生的，假如时间可以分为过去、现在和未来三个阶段，那么在过去、现在与未来的临界点，人和物还能感觉到运动吗？时间几乎都失去了意义，再说什么运动，还有意义吗？在那个时刻，莫说影子不动，人和鸟又何尝移动半步呢！

小 结

公孙龙的名家这一派势力不大，名头却不小，几乎就靠着公孙龙的“白马非马”一说，就让世人两千多年来都难以忘怀！名家类似的辩论题目还有很多，诸如“狗可以为羊”“火不热”“眼睛看不见”“乌龟比蛇还长”“白狗是黑狗”等。名家的大脑神经细胞极为发达，经常颠覆人们对这个世界的认知。和名家讨论问题，你会发现世界真有无穷无尽的奇妙。不过，在脑子没烧坏之前，很多人还是打了退堂鼓。实在受不了名家这些人，不知道他们到底都在图什么！为此，他们也没少遭人白眼。《庄子·天下篇》就说这些人“能胜人之口，不能服人之心”，可谓一针见血！还说这些人那么聪明，不去养生修道，简直可惜了！

有些人视拯救天下为己任，有些人把修道养生作为快乐的来源，有些人心甘情愿地像乞丐一样为世人奔走，有些人享受发号施令带来的快感，而公孙龙子这些人不为别的，就为从那么多光怪陆离却又发人深省的逻辑思辨中获得满足，这倒也令人心生敬慕。时下，学校和社会都在鼓励学生养成批判性思维。要按照这种要求，公孙龙、惠施这些名家绝对都是祖师级的大咖！

最后要说明的是，《公孙龙子》一书在流传过程中亡佚了不少篇章，一说书名叫作《守白论》，守白就是指公孙龙的主张“白马非马”。到了唐代，人们才改称《公孙龙子》。按照惯例，先秦子书都是用姓氏称作书名，比如《孟子》《荀子》《庄子》之类。那么，公孙龙的这本书应该称作《公孙子》才对，而非《公孙龙子》。我们猜测，这是因为汉武帝时期出现了一名大儒，名叫公孙弘。因为他威望颇高，时人就称他为“公孙子”。为了避免重复，或者出于尊重，抑或习惯使然，人们就将公孙龙改称“公孙龙子”，这自然也成了他的书名。

推荐阅读

阅读篇目：

《公孙龙子·白马论》《公孙龙子·坚白论》《列子·仲尼篇》等。

阅读书籍：

1.《公孙龙子》（外三种），黄克剑译注，北京：中华书局，2012年。

2. 王琯：《公孙龙子悬解》，北京：中华书局，2014年。

3. 谭戒甫：《公孙龙子形名发微》，北京：中华书局，1963年。

孙子：兴吴破楚，兵法之祖

一个男人的家仇
孙武生平
庙算在先，上兵伐谋
虚虚实实，正合奇胜
孙膑及其兵法

目前，世界上最强悍的武器是什么？恐怕连小朋友都知道——是核武器。以核武器为核心的核战略高悬军事战争中的一个终极境界，也就是《孙子兵法》中提出的“不战而屈人之兵”。

《孙子兵法》作为世界史上的“军事《圣经》”，影响实在惊天动地。在中国，一代奸雄曹操亲自为《孙子兵法》作注解，唐朝盛世的奠基人李世民也说：“观诸兵书，无出孙武。”在日本的战国时代，被称为“战国第一名将”的武田信玄最推崇的兵法“风林火山”，也正是出自《孙子兵法》。在当今头号军事强国美国，《孙子兵法》依然是西点军校的必读书。

商场如战场，《孙子兵法》的招式也频频出现在当今社会的市场角逐之中。不懂得兵法，玩不转方略，那么在云谲波诡的斗争之中，难免会处于十分被动的不利局面。今天，我们要走近的便是《孙子兵法》的作者孙武。

一个男人的家仇

在了解孙武的生平之前，我们先要从另外一个男人的家仇讲起。

伍员字子胥，本来是楚国人。伍家先祖伍举曾经在楚庄王时期为官，以敢于纳谏而闻名于世。父亲伍奢，是楚国太子建的老师。哥哥伍尚，以孝顺著称。本来伍子胥一家几口人相安无事，都在楚国尽心尽力，过着太平日子。可惜，他不曾料到的是，一场劫难正在降临。

太子建的老师有两位，一位是太傅，便是伍奢，另一位是少傅，便是费无忌。太子就是王储，太子的师傅自然应当一心一意教导太子，将来辅佐太子继承大位。伍老师为人正派，费老师却道貌岸然。费无忌与太子建的矛盾不知因何而起，逐渐到了水火不容的地步。费老师先发制人，开始使出阴招……

为了打倒太子建，费老师先在太子的婚事上打主意。当楚平王派费老师作为使者到秦国迎娶太子妃的时候，费老师返回来却撺掇楚王说：“那个秦国美女实在是天仙下凡，大王何不娶来为妃，另外再为太子娶妻？”楚平王色迷心窍，居然同意了，将太子妃据为己有。此事曝光之后，不啻晴天霹雳，太子建和所谓的费老师正式一刀两断。同时，一场大战即将打响。

自古君子小人之争，因为小人无所顾忌、恬不知耻，所以很容易占据上风。费无忌因为太子妃一事也开始谋求自保之策，日夜给楚王进谗言，结果把太子建发配到城父这个地方去戍边了。即便这样，费无忌还不肯善罢甘休，决定斩草除根。他不断造谣生事，说太子建怀恨在心，开始加紧练兵，准备谋反。伍奢实在看不下去了，便仗义执言：“大王请不要相信小人离间骨肉的谣言！”费无忌在一边添油加醋，告诉楚王到时候会成为太子的俘虏，而伍奢本来就是太子党，其心可诛！如是这般，楚平王大怒，下令囚禁伍奢，同时派人杀死太子。

好在太子事先得到风声，逃至了宋国。由于太子太傅的身份，伍奢却身陷囹圄。费无忌蛇蝎心肠，丧心病狂，还想将伍奢的两个儿子一同杀死。老大伍尚一向孝顺，回到楚国首都陪同父亲受刑，而小弟伍子胥却开始了逃亡生涯。留得青山在，不愁没柴烧。君子报仇，十年不晚。所谓知子莫若父，对伍子胥的心思和才能，伍奢了然于胸，临死之前，他叹了一口气说：“只要我儿子胥在，怕是楚国将来要永无宁日了！”伍奢一语成谶，楚国的劫难不久便要来临。

的确，从此之后，伍子胥活下去的最大动力便是荡平楚国！带着不共戴天的父兄之仇，伍子胥逃到了太子建所在的宋国。不料宋国内乱，伍子胥和太子建又逃到了郑国。在郑国，由于晋郑两国矛盾，太子建深陷其中，最后也被郑人所杀。伍子胥便带着太子建的儿子胜继续逃亡，就这样仓皇地来到了昭关。后面追兵甚急，前面又有大江阻隔，真到了千钧一发的关头。据说为了通过昭关，伍子胥一夜白头，可见极为焦虑。大仇未报，马上却要死于非命。

好在吉人天相，江上漂来一艘小船。为了渡船，伍子胥将随身佩剑送给渔夫：“这把剑价值百金，还请老丈笑纳！”渔夫大笑了一声，只是不纳：“我还不知道你就是伍子胥嘛！楚王有令，凡是能帮忙抓住伍子胥的赏赐粮食五万石，予以封爵。我渡你过江，哪里是为了区区百金之剑呢！”

好不容易到了吴国，伍子胥一行也是历经苦难。为了生存下去，堂堂的伍子胥居然靠着一路乞讨要饭才到了吴国首都。为了实现复仇大业，他默默忍受了这一切。在吴国，伍子胥投到了吴王僚的幕下。后来知道公子光有篡位的意图，转而辅佐公子光。为了帮助公子光达到目的，伍子胥专门推荐了刺客专诸，结果成功地刺杀了吴王僚。公子光顺利即位，他便是后人熟稔的吴王阖闾。

吴王阖闾上台之后，对伍子胥委以重任，军政大事都由伍子胥进行谋划。阖闾十分清楚伍子胥想要干什么，同时攻灭楚国也是吴国的国家利益所在。故此，吴王阖闾执政之日，也正是伍子胥正式向楚国宣战之时！当时，吴弱楚强，就算吴王阖闾想要替伍子胥报仇，也绝非易事。

就在这个时候，伍子胥推荐了一位隐居在吴国多年的将才。他就是后来的战神——孙武。也正是孙武的出现，伍子胥的复仇大计才变得指日可待。

孙武生平

孙武是齐国人。鲁国人偏重礼义，齐国人则偏重权变。管仲能辅佐齐桓公“九合诸侯，一匡天下”，也没少利用政治、军事手段，孙武又将这种善变的权谋应用到兵法之中，使之更加变幻莫测。只是孙武从齐国到吴国隐居多时，世人并未知晓他的本领。好在伍子胥慧眼识珠，知道此人一旦出山，定会横扫千军，锐不可当，自己的复仇大计也必定能够完成。

孙武给吴王带了一份见面礼，那便是三卷的兵法，这就是闻名于世的《孙子兵法》。吴王读过之后十分赞扬，但是实践才是检验真理的唯一标准。见了孙武之后，吴王阖闾便要亲自测试一下这个孙武是不是有真材实料。孙武踌躇满志地说：“没问题，现在就可以一试！”吴王开玩笑地讲：“可以在妇人身上试验吗？”孙武斩钉截铁地回答：“没问题。”

于是乎，180 名宫中美女出动，一时间堂下成了胭脂场。孙武二话没说，就将众人分成两队，进行军事训练。发布军令之后，孙武亲自擂鼓，不料美女们根本不把这个乡村武夫放在眼里，反而在那里开怀大笑。孙武三令五申，美女们依然没当回事儿。孙武厉声道：“军令不明是将帅的问题，军令分明而士兵不从，便是士兵的问题。来人啊，军法处置！”即刻下令斩杀两名美女队长。吴王见孙武动了真格，立刻派人下来制止：“寡人已经知道您能带兵打仗了，只是这两名爱姬是寡人至爱。没有她们两个，寡人真是寝食难安啊！”孙武正义凛然地予以回绝：“将在军，君命有所不受。”随后，果断斩杀了两名美女队长。接下来，宫中美女们吓破了胆，唯军令是从，老老实实地跟着军训。没过多久，孙武来到吴王前面禀报：“军队整肃，请大王检阅。军士听候大王调遣，就是让她们赴汤蹈火，也没有问题！”吴王阖闾终于领略了孙武的将才，将他拜为将军。

有了伍子胥、孙武两位天才的加盟，吴国国力、军力大增。当问及灭楚大计的时候，伍子胥、孙武二人早就成竹在胸：“楚国的内政外交都出现了问题，正是进攻的时候。楚国大将囊瓦贪婪成性，将士们离心离德。唐蔡两国苦于楚国欺凌，早就想报复了。只要联系唐蔡两国，对楚国形成夹击之势，破楚便有戏了！”在具体的进攻方面，孙武作为战神，带领三万吴军精锐便击垮了楚国的二十万雄兵。史载，楚国五战五败之后，都城郢便被吴军占领。

伍子胥的复仇大计终于实现了，等攻破楚国都城之时，楚平王早就去世，楚昭王也逃之夭夭。为了报父兄之仇，伍子胥令人挖开楚平王的坟墓，鞭尸三百。偌大的楚国竟然几乎灭亡在楚人手中！楚虽有才，可惜往往为他国所用。伍子胥的例子也警惕为人领导者一定要善待下属，不然有可能会多出一位劲敌，甚至是掘墓鞭尸的仇家。

此后，在伍子胥、孙武二人的辅佐下，吴国北威齐晋，成为春秋晚期赫赫有名的大国。吴王阖闾死后，夫差即位。二人辅佐吴国几乎又攻灭了越国，可惜夫差刚愎自用，没有杀掉越王勾践。伍子胥也中了奸臣太宰嚭（pǐ）的阴谋，最后被夫差赐死。伍子胥死前料定吴国将落入越王之手，果然越王勾践卧薪尝胆，最终吞灭了吴国。

孙武是伍子胥推荐给吴王的，如今伍子胥被赐死，吴王夫差又目中无人，他便重新归隐了起来。关于孙武晚年的事迹，史书几乎没有任何记载。后来，孙武执意隐居，再也没有重出江湖。据说，孙武死后尸骨埋在了吴国都城，也就是今天的苏州城外。

庙算在先，上兵伐谋

《孙子兵法》作为“军事《圣经》”，不过才三卷的篇幅，加起来也就六千字左右。“兵不在多，言不在众”，就是靠着这六千言，孙子娴熟运用，带领吴国军队走上了称霸天下的道路。

任何兵家都对军事极为重视，故《孙子兵法》开篇便说：“兵者，国之大事，死生之地，存亡之道，不可不察也。”只有真正意识到军事的重要性，才会严阵以待，将战争艺术发挥得淋漓尽致。

孙武认为，身为将帅一定要懂得五项基本原则：道、天、地、将、法。兵家所谓的“道”一点儿也不玄幻，而是让上下一心，“可以与之死，可以与之生，而不畏危”。“天”与“地”分别指天时、地利，即要掌握最新的天气情况与最准确的地形信息。“将”要有五德：智、信、仁、勇、严，缺一不可。“法“便是法令严明、赏罚分明等。行军打仗，将帅如果连这五项基本原则都不清楚，无疑是自寻死路。

五项原则确定之后，马上就开始进入惊心动魄的诡诈环节。诡诈环节的核心在于八个字“攻其无备，出其不意”。这八个字看起来容易，其实完全取决于将帅的经验和战时反应。军队人数很少可以伪装成很多，很多也可以伪装成很少；明明可以一口气歼灭敌人，偏偏要隐藏实力；明明看起来不堪一击，其实正是全军的精锐；敌军风头正盛时可以避开，等敌方发怒了，可以继续刺激对方，使其丧失正确的判断能力；对于轻视我军的敌人，想方设法让对方胜利，他们一骄傲，就会露出破绽；敌方打算以逸待劳，就想办法把敌人调动起来打，让他们疲惫不堪；对于内部团结的敌人，便谋算着如何离间他们，制造内讧。

出师之前，一定要事先策划，周密部署。古代行军打仗都要提前到庙堂里告诉祖先，取得神灵的庇佑，也会在宗庙里进行一些战前统筹，称为“庙算”。只有准备充分，才能赢得胜利。谁准备得充分，谁就能抢得战场的先机，最终成为赢家。反之，仓促应战，无疑是以卵击石。现在人们还说“不打无把握之仗”，也就是这个道理。

作为一代战神，孙子最推崇的不是百战百胜，而是不必用兵，对手便已经臣服，这就是传说中的“不战而屈人之兵”。怎样才能做到“不战而屈人之兵”呢？那就是伐谋。在孙武看来，直接攻城是迫不得已的下下之策，出兵而不必攻城稍微好些，比较好的就是通过外交途径解决，最好的手段便是通过谋略。

能够帮助取胜的谋略有五个：知道什么情况下可以打，什么情况下不可以打；懂得根据兵力多少精心布局，比如我军人数虽少却能取胜的优势是什么，我军人数虽多但是可能战败的劣势在哪里；上下齐心，众志成城，勇往直前，无所畏惧；开战之前，我方就准备充分，有备无患；将帅指挥能力强而国君没有在战场外进行牵制，便能自主抓住战机，因以歼敌。这五种谋略其实一言以蔽之，便是“知彼知己，百战不殆”。战争还没有打响就能够将双方军情全盘掌握，一旦开起战，这一方必定是战场的赢家。

虚虚实实，正合奇胜

和道家一样，兵家也非常喜欢用水来做比喻。不同的是，道家崇尚的是上善若水，赋予水以特殊的美德，而兵家则从中悟出了作战的秘诀。孙武认为：“夫兵形象水，水之形，避高而趋下；兵之形，避实而击虚。水因地而制流，兵因敌而制胜。故兵无常势，水无常形，能因敌变化而取胜者，谓之神。”

水流的大方向是高高低低，从高到低，所以用兵的大方向便是虚虚实实，避实击虚。水流动起来会充分根据地形来改变自己的方向，在部分地区反而可能由低处流向高处，水流可大可小、可急可缓、可动可静。用兵也是如此，谁能根据敌情及时做出调整，并因此取胜，谁就能成为“战神”。

真正善战的人是调动敌人的一方，而非被敌人调动的一方，所以掌握先机十分必要。敌军安逸，就想办法调动他们，使他们疲于奔命；敌军饱食，就想办法破坏补给线，使他们饥肠辘辘；敌军固守不出，便创造条件诱敌出动。我军虽少，但是能够在局部地区集中力量攻打敌方一部，便可取得胜利。总之，寻找战机，伺机而动是取胜的关键。

兵法是死的，人是活的。所有的军情都在变化之中，因此，用兵的最高境界便是无形。无形不是消失，而是利用各种手段，或是隐藏，或是伪装，让敌方完全摸不到我军的虚实。敌军以为找到了我军的软肋，其实正是我军的精锐；敌军以为发现了我军的主力，其实不过是诱饵罢了。虚虚实实，实实虚虚，能够将战争艺术发挥到炉火纯青的地步便是战场上的王者。

孙武认为：“凡战者，以正合，以奇胜。”两军主力对垒，互相胶着，能够根据战场形势及时派出奇兵的一方，往往能够取胜。善于出奇制胜的将帅，作战之法就像天地一样变化无穷，就像江河一样滔滔不绝。五音不过宫、商、角、徵、羽，一旦变化起来，便能演奏出无穷无尽的音乐；五色不过青、黄、赤、白、黑，一旦变化起来，足够让人眼花缭乱；五味不过酸、苦、甘、辛、咸，一旦变化起来，让人尝不胜尝，舌尖上的满足感无以言表。良将用兵不过正奇两种，然而奇正的变化同样无穷无尽，令人叹为观止。

依照常理，漂流的是水，而不是石头。但是，假如水势够大，就是巨石也会随着水流一起翻滚。凶猛的飞鸟从天而降，能够一击即中捕捉到猎物，正是节奏运用得当。善于用兵的人也是如此，既能掌握节奏，又能瞬间迸发出惊天动地的力量。

即使在战乱之中，良将也不会让自己的部队发生混乱。因此，哪怕一时失利，良将也能从容应对，化险为夷，乃至绝地反击，反败为胜。石头放在平地上便安然不动，但是假如把它放到数百丈高的山上让它滚下去，便势不可挡。这个道理用之于兵法，则体现为强兵可使之弱，弱兵可使之强；整兵可使之散，散兵可使之整，运用之妙，存乎一心，全在于良将用兵得心应手，顺势克敌。

孙膑及其兵法

孙武死后将近百年，另一位大兵法家问世了。有人说孙膑就是孙武的孙子，究竟是否可信，我们姑且不议。孙膑是孙武的后人，这一点倒是毋庸置疑。吴国灭亡之后，估计孙武家人在吴国也待不下去了，便返回了齐国祖籍。

想必继承了乃祖孙武的兵法，孙膑也成了名将。同时，也有人说孙膑、庞涓、苏秦、张仪等人都曾拜在鬼谷子门下。鬼谷子也是神龙见首不见尾一般的人物，可惜有关他的记载少之又少，流传下来的《鬼谷子》一书也多是后人编纂，难以据信。

孙膑先是和庞涓一起在魏国为将，不料遭到庞涓的陷害，受到了膑刑，也就是被揭掉了膝盖骨。从此，对于孙膑的本名，大家无从知晓，反倒是孙膑的名字流传了下来。一路艰辛，九死一生，从魏国逃到齐国之后，孙膑受到了齐国重用。重用的原因却十分偶然，便是孙膑帮助齐国大将军田忌赛马，以上马对中马，中马对下马，下马对上马，轻松赢得胜利。之后，孙膑被拜为军师。

在孙膑的指挥下，齐国与魏国发生了两场大战，分别是“桂陵之战”和“马陵之战”。两场战役的起因都是魏国作为战国初期第一强国，到处攻打其他国家。魏国急攻赵国首都邯郸，赵国危在旦夕，求救于齐国。孙膑下令军队不去邯郸，而是直捣魏国首都大梁，这便是著名的“围魏救赵”。魏军果然离开邯郸，回师大梁，走到半路，在桂陵这个地方与齐军遭遇。齐国以逸待劳，早就做好埋伏，将疲惫不堪的魏军打得落花流水。

魏国虽然大败，但是实力犹存。“马陵之战”的起因是魏国攻打韩国，韩国求救于齐。孙膑此次又和田忌故伎重演，没有先去解救韩国首都，而是带领齐军直扑魏国首都大梁。按道理说，魏军应该长了记性，齐国肯定又会在半路伏击。可是魏军还是中计了。孙膑太了解他的老冤家庞涓了——魏国军队根本看不起齐国的军队，他们定会觉得上次失利纯属偶然，这一次必然存着报仇之心。于是，孙膑故意要了一个小计谋，就在魏军回师大梁的途中，让他们发现齐军的灶每天减少三万个，便想当然地认为齐军在溃逃之中。于是乎，庞涓抛弃步兵，带领清一色的骑兵急速追杀。哪知道正中孙膑下怀，到了马陵这个地方，道路狭窄，庞涓和他的骑兵主力就这样被埋伏的齐军万箭射杀，庞涓也当场自刎。丧失了骑兵之后，剩下的魏军步兵更不在话下，被齐军“包了饺子”，魏国的太子也当了俘虏。从此，孙膑军师的大名人尽皆知。在“马陵之战”中，魏国主力被歼灭，成为战国时期第一个崛起也是第一个倒下的霸主。

像他的先祖孙武兴吴破楚一样，孙膑以残破的身躯兴齐破魏，名噪一时。只是《孙膑兵法》不像《孙子兵法》一样有名，在后世也逐渐失传了。直到二十世纪七十年代，地不爱宝，在山东临沂的银雀山汉墓出土了竹简本的《孙膑兵法》，人们才能略窥一二。当然，《孙膑兵法》无论在篇幅的完整性，还是在内容的精审性以及可读性等方面，已经远远不能和十三篇的《孙子兵法》相提并论。有道是“宿将还山不论兵”，对于孙膑晚年的下落，世人更是无从知晓。很有可能他也像乃祖孙武一样，在完成齐国的霸业之后，归隐山林了。

小　结

时势造英雄。遥想当年，如若不是伍子胥带着不共戴天的家仇从楚国一路逃亡到吴国，也不会有孙武的将兵机会。如果不是伍子胥、孙武联手，偌大的楚国也不会被轻易打垮。人生如戏，戏如人生，充满了太多的相似。伍子胥的父兄当初被小人费无忌陷害而死，谁承想伍子胥本人后来也被太宰嚭陷害由吴王夫差赐死？孙武本来是苏州城外的一位隐士，功成之后，又回到了隐居的山林之中，仿佛从来不曾认识伍子胥，也从来不曾干过练兵吴宫以及攻破楚都等大事。

相较于孙子本人的事迹，他的《孙子兵法》古往今来都是声名赫赫。庙算多者胜，上兵伐谋，虚虚实实，实实虚虚，出其不意，攻其不备，以正合，以奇胜，知己知彼，百战不殆……凡如此类的计谋，在竞争日益激烈的今天，更加凸显了实效性，也成为许多人在政治、军事、商业等方面获得成功的法宝。

止戈为武，真正的兵家并不是嗜好打仗的杀人魔王，而是根据兵家之道来应对复杂的形势，图生存、谋发展。《孙子兵法》提倡“上兵伐谋”，提倡“不战而屈人之兵”，就是旨在反对战争，和平至上。《孙膑兵法》也说“我将欲责仁义，式礼乐，垂衣常（裳），以禁争挩，此尧舜非弗欲也，不可得，故举兵绳之”，又说“其强在于休民，其伤在于数战”，都有不得已而为之的苦衷以及休战养民的愿景。同时，一如另一部兵书《司马法》上说：“国虽大，好战必亡；天下虽安，忘战必危。”即便在和平时期，我们也不能丢了尚武的精神。即便是一般公民，我们也不能对战争一无所知。所以，阅读《孙子兵法》便是一个非常不错的开端。

推荐阅读

阅读篇目：

《史记·孙子列传》《孙子兵法·计篇》《孙子兵法·谋攻篇》《孙子兵法·势篇》《孙子兵法 · 虚实篇》等。

阅读书籍：

1. 李零：《孙子译注》，北京：中华书局，2007 年。
2. 郭化若：《孙子译注》，上海：上海古籍出版社，2016 年。
3. 杨丙安：《十一家注孙子校理》，北京：中华书局，2012 年。

韩非子：归本神龙，名动祖龙

立说有余，救国无力
人主之患，在于信人
以法为教，以法为本
杀气腾腾的《五蠹》
大思想家的苦闷
法家出于道家？

两千两百多年前，秦王嬴政一声令下，他的虎狼之师全力东进，直扑韩国。韩国举国上下大惊失色，同时也发现秦国这次出兵和以往大不相同。原来，秦国出兵的目的是向韩国要人，准确地说，是要一个结巴。秦军攻势迅猛，韩国哪里招架得住，于是急忙给这个结巴打扮了一番，令他出使秦国。这时，秦王嬴政才高兴了起来，下令秦军班师。

这个结巴不是别人，正是大名鼎鼎的韩非子。之所以称为韩非子而非韩子，主要是因为后人尊奉唐朝的韩愈为韩子，为了避免重复，所以改称韩非为韩非子。韩非自己恐怕都不曾料到，他写的书莫名其妙地流传到了秦国，被秦王看到。嬴政得到此书，如获至宝，夜不能寐，大喜过望："嗟乎，寡人得见此人与之游，死不恨矣！"要是能与这本书的作者面谈，寡人死而无恨了！这便有了秦军攻韩的那一幕。韩非到底何许人也，居然值得睥睨一世的嬴政为了得到他而专门发动一场战争？

立说有余，救国无力

嬴政与韩非二人之前素不相识，只是韩非的学说几乎句句都说到了秦王的心坎上，所以秦王激动得非要见上他一面不可。这种暧昧因为畸形，所以才更加刻骨铭心。很可惜，他们的见面马上就成了永别。就像孙膑被同窗庞涓陷害一样，韩非到了秦国之后，也被他的同窗李斯陷害，结果枉死在狱中。事后，尽管秦王本人有所悔恨，但是木已成舟，无力回天。韩非其人虽死，其学说却成为秦国占统治地位的学说，直接促使秦国统一六国，成为天下的共主。

在先秦诸子之中，要说出身，恐怕韩非要名列前茅了。据史书记载，他本人就是韩国的公子。在学说继承方面，他从老子那里学到了刑名法术，利用刑法治理邦国，又直接拜荀子为师，学到了帝王之术，即如何辅佐帝王管理好国家。和他一起拜荀子为师的便是李斯，也就是后来秦始皇统一天下后的丞相。

战国兼并战争逐渐步入尾声，而韩国地处齐、魏、楚、秦等大国夹缝之间，局面岌岌可危。作为韩国宗室，韩非一度努力想要改变韩国现状，至少使韩国能生存下来，别被他国灭掉。只是，不论韩非如何发愤悃（kǔn）愊（bì），韩国都是大势已去。从客观上说，周边的强国也不可能为韩国留下任何的发展空间。

对其他诸子而言，著书立说一般都是晚年之事，像孔子、孟子、荀子他们都是晚年才有著作。但是韩非比较特殊，由于口吃，不善言语，所以很早就著书立说。他写的书影响很大，四处传抄。等到被秦王嬴政读到之后，他的命运也就此发生了戏剧性的转折。

至于韩非的死因，主要是由于他的同窗李斯妒贤嫉能，蛊惑秦王，让秦王一时起心动念，派人赐死韩非。不过，这只是其中一则原因。韩非之死恐怕还有两大因素：一是秦国谋臣的共同排挤，二是韩非本人爱国意识太强。

秦王一时兴起，为了韩非便不惜发动大军攻击韩国，将心比心，这让其他谋臣情何以堪？李斯自然嫉妒，难道那些谋臣在心中就不会咬牙切齿吗？谋臣受宠与否事关政治生命的根本利益，秦国朝堂之上岂容他一个韩国的结巴来颐指气使？当大臣们都把韩非视为眼中钉、肉中刺的时候，李斯只要稍稍用力，就连秦王也会被鼓动起来。

春秋战国时期，士人们经常四海为家，还没有什么现代意义上的国家意识，遑论爱国观念。可是，无独有偶，战国时期偏偏有两个人爱国意识非常强烈，一位是大家熟悉的楚国的屈原，另一位就是鲜为人知的韩国的韩非。六国之中，韩国实力最弱，又和秦国离得最近，是秦国统一天下首先要攻灭的国家。韩非到了秦国之后，却千方百计地论说韩国以前总是紧随于秦国大哥的鞍前马后，还是不要灭的好。殊不知，秦王虽然对韩非十分欣赏，但是在统一大业面前，不容有人阻挡，就是韩非也绝不可以！韩非枉费了一片保全母国的好心，不但没能保住韩国，自己还先一步丢了性命。

人主之患，在于信人

儒家非常重视伦理道德，尤其看重信义。韩非却站在君主的立场上赤裸裸地指出："人主之患，在于信人，信人则制于人。"为人君主千万不要相信任何人，臣下和自己非亲非故，相信他们就会被他们利用，最终让他们奸计得逞。权势只能由君主来操控，绝对不可以让臣下干预。

就是自己的亲人，韩非也说："夫以妻之近与子之亲而犹不可信，则其余无可信者矣。"如果君主相信妻子和儿子，那么他们一旦结党营私，肯定会巴不得君主早点死掉。只有君主死掉，他们才能攫取权力，为所欲为。妻子和儿子都不可以信任，至于臣下什么的更不值一提了。韩非的这番话让做领导的看了非常欢喜，为人君主就应当乾纲独断，不受制于任何人。可是在百官和庶民看来，这样的君主无疑就是冷血怪兽——无论我们做什么，都不可能获得君主的信任啊！

既然不相信任何人，那么君主应当如何管理国家呢？韩非认为，只要有"二柄"就好。"二柄"就是两大手段，"刑"和"德"。"刑"就是杀戮，"德"就是赏赐。君主要将这两种权柄牢牢地把握在自己手中，想杀谁就杀谁，想赏谁就赏谁。只有天下杀戮和赏赐的大权攥在君主手中，文武百官才知道君主的威望，才会老老实实地执行君主的意图。君主就是猛虎，"二柄"就是爪牙。没了爪牙的猛虎和一只病猫又什么区别？不要和臣民讲什么仁义道德，应当让他们畏惧自己，所谓"伴君如伴虎"是也。

当年，齐简公不谙此道，臣下田常将赏赐百姓的权力攥在了自己手中，大斗借给百姓粮食，小斗收回，结果百姓只懂得感恩田常，导致齐简公最终被田氏杀死。宋国国君也是如此，一个叫子罕的大臣告诉君主说："以后赏赐这种事，您来做；杀戮这种事惹人烦，我来代劳吧。"宋国君主竟然答应了，结果宋国百姓都畏惧子罕而非君主，宋国陷入大乱之中。

儒家和墨家都强调任贤使能，可是法家却不然。韩非子认为任贤好贤本身就是人主的重病，得治！君主喜好贤能之士，天下人就会刻意表现出贤能的样子，最终蒙蔽君主。君主千万不要表露出自己的任何喜好，要让臣下摸不透自己。隐藏起自己的喜怒哀乐，大臣才会露出本来面目，为君主所用。

道家讲求“清静”，韩非学到之后也主张君主应当“清静”。但是韩非子的“清静”和道家的“清静”完全不同，而是带着强烈的功利主义色彩。韩非子的“清静”，是君主将自己的意图深深隐藏起来，照见臣下的本来面目。只要官员有功，哪怕身份再怎么低贱也要赏赐；只要官员有过，哪怕君王再怎么喜欢也要惩罚。功当其事，事当其言。全国上下都要唯君主马首是瞻，天下权力只能集中于一人之手，这便是法家。

因为是韩国公子，韩非子这些为君主考虑的思想本来是进献给韩国国君的。无奈的是，韩国实在太弱了，一个体弱之人如何挥舞得起千斤利器？等雄才大略的嬴政读到这些言论之后，效果便截然不同。秦王一时间对韩非颇有相逢恨晚之意，并坚信为人君主者必须像韩非子揭示的这般，方能君临天下！

韩非子说过：“人主之所以身危国亡者，大臣太贵，左右太威也。”大臣和近臣都是君主的股肱，可是在韩非子看来，他们两类人正是君主尤其应警惕的对象。一旦大臣、近臣他们擅权起来，君主便永无宁日。比如向夏桀进谏的关龙逄、给商纣王进谏的比干、向吴王夫差进谏的伍子胥等，他们之所以死于非命，不就是君主听信近臣的蛊惑吗？如果国家被这种奸佞小人左右君主的意志，小人作威作福，那么国家还是君主的国家吗？君主都没有地位，国家断然难以强大，也非常容易陷入混乱的旋涡之中。

以法为教，以法为本

儒家对法治持批判态度，认为法治会让人们丧失羞耻之心，“德治”才是治国之本，让百姓有了羞耻心之后，他们自然不会为非作歹，何况违法乱纪呢？法家却不这么认为，反而觉得“明主之国，无书简之文，以法为教”。国家不需要那么多经典书籍，有法律就够了。

韩非子作为荀子的学生，他的法治思想在荀子那里就能找到来源。《荀子》一书就说：“隆礼至法，则国有常。”荀子从儒学的礼治中开辟出了礼法并用的新路线，到了他的弟子韩非这里，却撇开了“礼治”，转而专门推崇“法治”。

韩非子说：“夫立法令者以废私也，法令行而私道废矣。”天下都应当依照统一明确的法令行事，有功者赏，有过者罚。对于各家派别的主张都应该制止，天下只能有一种声音。没有鞭子，谁能驾驭马匹？没有规矩，如何制造方圆？没有威严、赏罚等法令，即便是尧舜也不能治理天下。治理国家有了法令赏罚，就像在陆地上行走有上好的马车，在水上行走有良好的舟楫。法令才是治国的第一法宝！

“明法者强，慢法者弱”，谁率先用法令管理国家，便会成为真正的强国。退一步讲，“家有常业，虽饥不饿；国有常法，虽危不亡”。只要国家还能用法令来维系，就不会被灭亡，至少能保全自己。韩非子对“法治”极为提倡，他说：“先王以道为常，以法为本。”君主更应当任用法令来管理臣下，不要为臣下欺骗。比起贤能、德行、妻子、儿女等，法令才是君主最忠实的伴侣。儒家崇尚以礼治国，“得之者生，失之者死”。法家则反其道而行之，“得之者生，失之者死”的不是“礼治”，只能是“法治”。

以法治国，权力统归于君主一人之手。官民有了过错，便立刻用法令予以惩罚，让人们引以为戒；官民立下大功，便按照法令予以奖赏，让官民对国君感恩戴德。至于教化什么的，都是浮云，弃之如敝屣可也。总之，“以法为本”“以法治国”正是法家思想精髓。

韩非子把法令看成君主最宝贵的东西，所谓“明主之国，令者，言最贵者也，法者，事最适者也”。法令一旦下达，就绝不容许有任何人胆敢非议，否则予以处死。法令下达到民间之后，百姓也不可以身试法，否则便治以重罪。后羿精通射箭，假如没有一个目标，他射得再远再狠，又有什么用呢？以法治国，法令就是治国的标靶，从文武百官到平民百姓，都要向“法令”这一个目标看齐。

对于基层而言，韩非子举了一个例子来宣传法治的威力。有一个不孝子，父母教他不听，乡亲们教他也不听，师长们教他也没用。就在这个时候，官府按照法令将他抓了起来，好好地教训了他一番。由于恐惧，这个不孝子变得老实了。立竿见影，这就是法治的功效。

杀气腾腾的《五蠹》

由于韩非子极其主张“法治”，所以对于当时社会上流行的各家学说或多或少都进行了无情的抨击和讽刺。其中，他尤其讨厌五类人，称他们这些人“是社会上的蠹（dù）虫”，必须尽快清除掉。这五类“蠹虫”分别是：学者（儒家）、言谈者（纵横家等）、带剑者（游侠）、患御者（依附显贵逃避战争或劳役的人）、工商之民。韩非对这五类“蠹虫”的危害，做了如下阐述。

儒家的罪名就是“以文乱法”。在楚国，父亲偷了羊，儿子禀告给官府。官府抓到父亲予以处死，又因为这个儿子虽然忠于君主但是有亏于孝道，也把他关了起来。在鲁国，打起仗来，一个士兵打了三次，败了三次，特别惜命。孔子问他原因，他说上有老父需要赡养，所以自己不能死。孔子以为孝顺，举荐他做了官。韩非子以为，儒家的伦理简直颠倒是非，这种人简直是国家的叛徒！父亲有罪，儿子应该举报，儿子何罪之有？临阵逃脱，当军法处置，岂能因为孝道反而提拔小兵？长此以往，国将不国！所以说，儒家思想应该被清除。取而代之的是，君主务必一心一意以法治国。

言谈者也就是“纵横家”们。“横”的一方就是帮助一个强大的国家去攻打若干小国，“纵”的一方就是联合若干小国去攻打大国。无论是“横家”，还是“纵家”，都得到诸侯的礼遇，被视为谋国之臣。“横纵”的目的还没有达到，言谈者就权倾朝野，即便最后目的失败了，还可以享受荣华富贵。如此一来，还有谁不愿意做“纵横家”呢？对“横家”来说，只要国家实力强大，比如在秦国，“横家”很容易施展计谋。对“纵家”来说，小国本来就弱，有人愿意替小国打理邦交，自然容易受到优待。然而，治国大计又岂是这些人最终能够决定的？不过是削弱君主的威信罢了。

那些游侠更可恶，每天带剑招摇。奇怪的是，各国君主、大夫还争先恐后地把他们奉为上宾。其实，这些人有什么值得称道的呢？意气用事，想杀谁就杀谁，要法律还有什么用？将士们在沙场上抛头颅洒热血，待遇还比不过这些侠客，简直是咄咄怪事。

患御者就是达官显贵亲信的依附者，他们干扰朝政、败坏法制。那些真正有功劳的人反而不如他们活得潇洒，也没有像他们那样受到赏赐。比起军国大事，这些人更关心一己私利。

工商之民只知道投机倒把，耗费钱财，还与农民争利。如果对这种“重商”的风气不加以遏制，老百姓都去经商去了，谁还老老实实种田呢？士兵们拼死拼活却不如这些工商之民赚钱容易，不像他们一样受到尊重，以后谁还愿意在战场上卖命呀？

《韩非子》书中的《五蠹》一篇杀气腾腾，可以说是先秦诸子中最具杀伤力的文字。韩非子认为，对于学者（儒家）、言谈者（纵横家等）、带剑者（游侠）、患御者（依附显贵逃避战争或劳役的人）、工商之民这五类蠹虫，君主必须予以剿灭。清除了这五类蠹虫，才能达到韩非子的理想国：

故明主之国，无书简之文，以法为教；无先王之语，以吏为师；无私剑之捍，以斩首为勇。是境内之民，其言谈者必轨于法，动作者归之于功，为勇者尽之于军。是故无事则国富，有事则兵强，此之谓王资。

是的，你没看错！在韩非子的法家理想中，君主独尊下的社会结构只有三种人：官吏、农民和战士。君主想的事情只有两种：攻灭别的国家、利用并防范自己的臣民。百姓们要么努力耕田获得爵位，要么听到开战就兴奋不已，恨不得立即砍下敌人的首级系在自己的腰上回国领赏。

一个人心理要么十分阴暗，要么十分焦灼，不然怎么可能产生这种反社会的理想？只能说，韩非子认为韩国的局面实在太危急了，不采用极端的手段，绝对不可能保住韩国。不幸的是，韩国没有保住，当韩非子的法家学说成为秦帝国的意识形态之后，他清除“五蠹”的建议却变成了现实。秦始皇下令“焚书坑儒”，人为地制造了中华文明史上的一大灾难。

大思想家的苦闷

看了上面的介绍，或许有人会觉得韩非子简直就是彻头彻尾的嗜血恶魔。认为他根本不重伦理道德，只知道为君主出谋划策，满脑子都是功利主义。其实，他也是人，虽然他是法家的集大成者，是站在那个时代巅峰的大人物，但是也有彷徨、苦闷的时刻。《孤愤》《说难》是《韩非子》书中的两篇文章，记载了韩非子作为一位思想家想要改变政治却无能为力的苦闷。由于古往今来怀才不遇的人比比皆是，所以《孤愤》《说难》很容易引起大家的共鸣。

在《孤愤》中，韩非子道出了“越聪明，越痛苦；越有才，越危险”的内情。对一个智者来说，他肯定能够洞察常人看不到的东西，也会看穿那些当权派的丑恶嘴脸。但是，人一旦聪明了起来，便十分痛苦。当权派手握大权，是一个智者想除就能除去的吗？当权派为了保住既得利益，肯定要糊弄君主，从而擅权。可是在智者眼中，必须维护君主至高无上的地位，必须最大限度地增强国力。于是乎，智者和当权派必然成为死敌，有你没我，有我没你。

这些当权派手握大权，诸侯国派人前来，都要先见当权派，而非君主；百官想要晋升，也要巴结当权派；就连君主的近臣也要利用当权派的力量才能获得君主宠信，巩固自己的地位；那些文学游士无疑也要对当权者溜须拍马，牟取晋升的机会。如此一来，君主的权力岂不是被完全架空了吗？智者想要尽忠于君主，为君主出谋划策，可是左右思量，自己哪里能斗得过这些人呢？想做个智者，容易吗？心里怎么能不苦闷呢！

对于当权派来说，他们可以千方百计利用各种名义处死智者；如果实在找不到冠冕堂皇的罪名，他们干脆就会派人行刺。做智者本身就是高危行业！作为君主，军国大事反而被蒙在鼓里；作为人臣，反而窃取了君主的权力。智者看在眼里，急在心里，可又能怎么样呢？

从某种意义上说，君主和重臣之间本来就是天生的矛盾体。作为君主本来就不该相信任何人，尤其是位高权重的大臣们。君主想要任用真正有能力的人办事，可是大臣却更喜欢不做什么事依然能保住权位；君主想要给有功劳的人颁赐爵位，可是大臣却觉得没有功劳就能安享富贵反而更好；君主想要拔擢豪杰之士，立下奇功伟绩，可是大臣们却喜欢结党营私，任用自己的人。眼看着君主被大臣们玩弄于股掌之中，智者就是完全掌握了这些情况，又能说给谁听呢？只有满腔的激愤罢了。

在《说难》一篇中，韩非子指出了游说人主的艰难。劝说别人首先要知道别人的好恶，这样才能投其所好，事半功倍。好名的人，我们就不妨多赞扬他；好利的人，我们就不妨拿财宝进行诱惑。但是，在诱导过程中又要非常谨慎，稍不留神，反而会弄巧成拙、适得其反。如果让君主感觉到你对君主的好恶都了如指掌，那么君主也可能会干掉你。如果你揣摩错了君主的意图，南辕北辙，自身便更加危险。说动了君主，如果你开始骄傲起来，君主也不能容你；没有说动君主，你恐怕也是九死一生。

在劝说过程中，一定要随机应变，碰到别人喜欢的，要因势利导，碰到别人厌恶的，立刻收住。说服别人时，不要把别人当傻子，凡事点到为止，别人自然知道该何去何从。为了说明劝说的困难，韩非子还特别举了两个例子。

郑国国君为了攻打胡人，先把女儿嫁过去，结两家之好。有一次，郑国国君问大臣：“我们可以攻打胡人吗？”一位重臣为了郑国的利益考虑，直接谏言：“应该伐胡！”不料，郑国国君以破坏郑胡两国邦交的名义把这位重臣处死了。胡人听到之后，非常开心，更加放松警戒，结果被郑国大军突袭。这位劝说的大臣只知其一，不知其二，死不足惜啊！

宋国有个富家大户，天降大雨，门墙都坏了。自家儿子说：“再不修理，盗贼就来偷东西了。”隔壁老王也是这样劝说富家大户的。果不其然，当晚盗贼就来光顾，富家大户损失惨重。儿子作为亲人，得到了富家大户的赏识：“我儿果然聪颖过人！”隔壁老王也是一番好意，反而被富家大户怀疑：“是不是你们把盗贼引过来的？”隔壁老王的过错就在于，虽然是好意，但不是人家的亲人，哪怕说对了，对自己也没有什么好处可言，反倒惹了一身麻烦。

韩非用这两个例子活生生地展示了劝说的困难之处：明明对郑国一片忠心，说的也是没错，反而被处死；明明对邻居一番好意，说的也是对的，反而被怀疑。天呐，做人怎么就那么难啊？

君主也是有感情的，有自己的爱憎。如果得到了君主的宠爱，哪怕你犯了罪，君主也会宽恕你；如果君主厌恶你，你就是再有才能，君主照样会疏远你。龙这种生物看起来那么霸气，却一样可以作为坐骑，骑着它翱翔九天；但是，不要忘了，龙的喉咙下面有一尺长的逆鳞，要是有人敢触碰它，龙必定要杀人！劝说君主的智者一定不要忘记，君主也是有逆鳞的，只要触碰了逆鳞，必死无疑。话说回来，君主的逆鳞在哪里呢？这就要智者自己发现了。

韩非子早就明白智者的高危性质，对游说君主的难度也做了充分的预判。可是，谁能料到，他本人一样逃不出他书中提到的厄运。他来到了秦国，确实受到秦王的恩宠。可他哪里斗得过那些秦国的权贵呢？韩非子因为法家的独有智慧而名闻天下，但却因“慧极必伤”客死他乡。《说难》，他难以说得动韩王；《孤愤》，他也算是忧愤而死吧。

法家出于道家？

司马迁在写《史记》的时候把韩非子和老子的传记放到了一起，也非常明确地说韩非子“喜刑名法术之学，而其归本于黄老”。可是，黄帝、老子他们都主张清静无为，韩非子的法家那么爱生事，而且冷酷无情，哪里像是和道家有什么瓜葛呢？

然而，在《韩非子》一书中偏偏就有《解老》《喻老》两篇文章专门阐述道家思想。我们不禁纳闷：老子神龙见首不见尾，法家究竟从他那里学到了什么东西？道家崇尚无为，因为无为才能无所不为。无为的话，在道家那里还是自然而然的一种状态。韩非子站在君主的立场，却由此琢磨出君主也该无为。君主的无为是隐藏起自己的爱好，清静的目的也正是为了高高地凌驾在大臣之上，观察百官的动静，将天下掌握在自己手中。

老子非常反对那些外在的东西，故而说："夫礼者，忠信之薄，而乱之首。"韩非子对此非常赞同，他认为："君子取情而去貌，好质而恶饰。"那些五花八门的装饰、修辞什么的都是外在之物、无用之物，故而应该一律去除。

《道德经》说："重为轻根，静为躁君。"韩非子对此也别有体会，他认为君主"制在己曰重，不离位曰静"，紧紧守住自己的大位，不容任何人觊觎。想当年，赵武灵王一世英雄，到了晚年提前退休，把王位传给儿子，自称"主父"。结果呢，由于擅自离开了自己的君位，后来被人囚禁宫中活活饿死。

老子的本意也许并不是韩非子想的那样，可是韩非子无师自通，确实从道家那里领悟到别样的智慧。他将这些驭人之术添加到自己的思想之中，使道家思想也流露出一些凶狠的色彩。道家说"姑欲取之，必先予之"，本就有一定的阴谋论的嫌疑。而经过韩非子的断章取义，道家被演释出更深层的心机。

小 结

诸子百家到了韩非子这里几乎画上了休止符，换言之，韩非可以算得上是先秦诸子百家争鸣时代的终结者。"失之东隅，收之桑榆"，他先天缺陷，由于口吃，口不能言，结果反而在写作上表现出了惊人的天赋。作为一个爱国者，他极力想要保全自己的母国韩国。但理想很丰满、现实很骨感，他自己客死他乡，他的母国韩国随后也灭在秦国手中。

诸子百家群星璀璨，儒、墨、道、名、兵、农、阴阳、杂、纵横等各展所长。没人能够料到最终居然由一个口吃者倡领的法家杀出重围，成为先秦时代的王者。秦国统一了天下，法家成为第一号学说。可惜，秦朝暴虐成性，始皇帝生前就有"今年祖龙死"的预言，秦帝国更是二世而亡。受此拖累，法家成了暴秦的代名词，再也不能光明正大地出现在历史的舞台上。

有趣的是，在两千多年的中国历史进程之中，主流意识形态看起来是"独尊儒术"，实际上却是"外儒内法"。统治者表面上采用儒家的仁义道德来维系天下，骨子里还是法家思想在发力，比如盛推帝王心术，令天下臣子有“伴君如伴虎”之惧。外儒内法的另一面便是儒法之争，儒法两家的明争暗斗一直影响着古代中国的政局。

无论人们对法家是臧是否，法家的影响力就在那里。时至今日，“以法治国”的理念早就深入人心。登高才能望远，韩非子的“法治”思想之所以能够始终与儒家的“礼治”思想颉颃（xié háng，抗衡），也许正是由于他站在了老子、荀子等巨人的肩膀上吧。幸运的是，秦亡汉兴，儒家后来居上，至少在面子上占了上风。不然法家得道，整部中国史恐怕就只有君主独尊下的官吏、农民和战士了。这样的“理想国”真是细思极恐。

推荐阅读

推荐篇目：

《史记·韩非列传》《韩非子·二柄》《韩非子·五蠹》《韩非子·孤愤》《韩非子·说难》等。

推荐书籍：

1.《韩非子》，高华平、王齐洲、张三夕译注，北京：中华书局，2016年。
2.《韩非子》，高华平、王伏玲评注，北京：商务印书馆，2016年。
3. 王先慎：《韩非子集解》，钟哲点校，北京：中华书局，2013年。

秦始皇：千古一帝，是圣是魔

秦人的兴起

秦王扫六合

大一统的国家体制

法家、术士与焚书坑儒

是圣？是魔？

西方人把中国叫作China，一个可能的原因，China便是“秦”的音译。由于秦帝国是中国第一个空前统一的帝国，名声在外，所以西方人就把中国人称为“秦人”，音译便成了China。除此之外，也有其他的说法，比如和陶瓷（china）有关等。无论如何，秦帝国对中国历史的影响无疑都是重量级的。

要深入理解中国的历史文化，有两个人至关重要，那就是孔夫子和秦始皇。孔夫子塑造了中国人最基本的道德价值体系，而秦始皇则建立了中国最核心的政治社会体制。他们二人，一个在文化上，另一个在政治上，几乎统摄了两千多年的中国古代社会。

孔夫子的口碑基本上都是绝佳的，什么“至圣先师”“万世师表”等。可是，秦始皇却成为中国最具争议的历史人物之一。褒扬他的人，比如明代的李贽认为“始皇帝，自是千古一帝也。始皇出世，李斯相之。天崩地坼（chè），掀翻一个世界”，把他尊奉为“千古一帝”;贬低他的人，如汉代的贾谊认为“秦王怀贪鄙之心，行自奋之智，不信功臣，不亲士民，废王道而立私爱，焚文书而酷刑法，先诈力而后仁义，以暴虐为天下始”，几乎把他看成恶魔的化身。

是也？非也？秦始皇究竟何许人也，他是如何完成统一天下的雄伟大业的，又是如何让庞大的帝国在短短十几年中轰然倒塌的？在他死后的两千多年里，为什么他留下的制度还在影响后世的一个个王朝？他究竟是中华文明史上的圣王，还是恶魔？

秦人的兴起

追本溯源，事情还要从秦人的兴起慢慢说起。秦人的祖先最远可以追溯到颛顼大帝那里，到了大舜统治天下的时候，因为先祖伯翳擅长驯服鸟兽，被大舜赐姓嬴氏，才开始有了自己的封地。此后很长一段时间，嬴氏都没有什么太大的变化。后来，据说嬴氏族人从东方一路向西，几经辗转迁徙到今天陇西、天水这片地方。到了周孝王的时候，因为给天子养马养得好，被天子封赏，号为“秦嬴”。正因为如此，秦这个名称才正式进入人们的视线。

秦人真正踏上历史舞台的契机，始于周厉王在位时的西戎反叛。周宣王即位时，任命秦仲为大夫，令他讨伐西戎。被封为大夫意味着成为天子的重臣，从此以后，秦人再也不是那种养鸟养马的小角色了。可惜，秦仲出师不利，自己也兵败西戎，就此一命呜呼。

秦仲大夫虽然死了，但是大夫的爵位从此世袭罔替。传到了秦襄公时，又发生了一件大事，西周首都镐京被西戎、犬戎等攻占，周幽王也被杀死。此时，秦襄公领兵保护即位的周平王到洛邑去。由于护驾有功，周平王正式册封秦襄公为诸侯，还告诉秦襄公，岐山以西的土地全部交给秦国管理。秦国这才正式建国，忝列春秋时期的诸侯之一。刚建国的时候，秦人意气风发，激情澎湃。虽然建国时期艰难重重，但是秦人一出场便气势逼人。所谓：“岂曰无衣？与子同裳。王于兴师，修我甲兵，与子偕行。”那个时候有些秦人连衣服都没有，还要浴血沙场，视死如归；立国初期，秦国没有钱，没有粮，没多大地盘，甚至连衣服都穿不上，能够拿出来拼的，也只有命了。

春秋时期的大国，像齐国、晋国才是当时政治格局的核心角色。中原诸侯一开始根本没把秦国这个放马的新晋诸侯放在眼里，完全当成夷狄对待。司马迁在《史记》中就一针见血地指出：“秦、楚、吴、越，夷狄也。”一直到了秦穆公在位的时候，霸主如齐桓公、晋文公等相继谢世，秦国称霸的机会才正式来临。在秦穆公的带领下，秦国兼并国家十二个，开拓疆土上千里，碾压了世仇西戎，成为西方的超级大国，秦穆公本人也被奉为“春秋五霸”之一。

历史的车轮从不停息，转眼就到了战国时期。战国初期第一强国是魏国，一开始无人能与之抗衡。魏国之所以率先称雄，是因为魏文侯在位时，基础打得好。一时贤能如子夏、田子方、段干木、李悝、乐羊、吴起等都被登用在魏国，想不强大都难。当时，魏军军威名满天下，没事就四处攻伐。秦国就像一个小弟一样，总被魏国这个大哥欺负。一直到秦献公在位的时候，事情才发生了转折，秦国居然在和魏国的交战之中获得几场大胜利。这种胜利的原因倒不是因为秦国突然变强了，而是魏国老是到处打人自己也疲惫下来，国力受损，而秦国小弟被打得多了，也就渐渐有了经验。虽然破纪录地赢了几场胜利，但是秦国国力也遭到重创，秦国的发展就此陷入了僵局。

秦孝公即位后，一个天纵之才来到了秦国，掀起了一场惊天动地的变法，让秦国从此脱胎换骨，有了争霸天下的雄厚实力。作为法家，商鞅的变法内容很多，一个核心目的就是让秦国变成只有农民与战士的国度。因为取缔了一切娱乐活动，想要封爵，就要耕田、打仗，所以秦国的农民最为勤快，而秦国的战士也最为嗜血、善战。自助者天助，此时的国际形势也变得对秦国有利了起来。昔日的劲敌魏国在“桂陵之战”和“马陵之战”两次大战中被齐国打败，魏国精锐丧失殆尽。秦国东进的路上，魏国这第一块绊脚石几乎已经构不成威胁了。

到了秦惠文君的时候，秦国国力大增，开始称王，也就是秦惠文王。在他的统治下，魏国被完虐。随后，秦国又攻下了蜀国，获得了号称“天府之国”的成都平原，作为后方粮仓。秦楚大战中，秦国不断胜出，楚国的土地被鲸吞蚕食。放眼天下之间，只有齐秦两国一东一西最有希望成为统一天下的终极王者。

秦昭襄王在位的时候，兼并战争已经到了白热化的地步。由于秦国据有关中平原和成都平原两大粮仓，加上极端的军功爵制度，又大量延揽文武将才，很快在一次次战争中取得了重大胜利。秦军一往无前、所向披靡。楚国、赵国、韩国、魏国等相继破败在秦军的铁蹄之下，秦国离实现统一天下的目的越来越近，完成这一霸业的使命最终落到了嬴政手中。

秦王扫六合

秦王刚即位的时候不过是个十三岁的小孩子，秦国的军国大政都由吕不韦这位仲父把持，嬴政只是个傀儡而已。一直到了二十岁之后，他才亲政。

说是亲政，其实并不太平，还有两个拦路虎需要铲除，一个是仲父吕不韦，另一个就是假太监嫪毐（lào ǎi）。

吕不韦是商人起家，完全靠着操纵嬴政把持秦国朝政。又把门客嫪毐推介给太后，结果产下私生子。嫪毐被封为长信侯，手握兵权，后来造反，但被平定下去。受此牵连，吕不韦也被赐死。

由于吕不韦本是卫国人，并非老秦国人，却把持朝政近十年。受此事件刺激，秦王嬴政下令将所有不是秦国人却在秦国做官为将的人统统驱逐出境。这种因噎废食的政策显然荒诞至极，明摆着会削弱秦国国力。好在李斯谏言，列举秦穆公以来在秦国立过大功的客卿，如由余、百里奚、蹇叔、商鞅、范雎等。如果没有他们，秦国怎么可能强大起来？又说“太（泰）山不让土壤，故能成其大；河海不择细流，故能就其深；王者不却众庶，故能明其德”，最终让嬴政回心转意，使秦国躲过一劫。李斯不愧是李斯，在关系到秦国发展命运的重大关头及时跳了出来，冒死进谏秦王，表现了他卓越的政治家的眼光！试想：如果没有李斯的这番谏言，秦国将那些身怀绝技的谋臣武将统统逐出秦国，让他们为六国效力，秦国最终还能统一天下吗？单凭这一点，秦统一之后，李斯自然最有资格成为新帝国的丞相。

六国之中，远交近攻。韩国最弱，离得最近，必须最先攻灭；齐国、燕国离得最远，不妨外交羁縻（jī mí），最后再一一收拾。定下了这些方略之后，秦国见缝插针，在赵国和燕国开战的时候，迅速攻占了赵国的一些土地，陆续设立了雁门郡、云中郡。在秦国大将内史腾的进攻下，本来就很弱小的韩国，最先灭亡，秦国就地设置了颍川郡。

趁着赵国发生重大旱灾的时候，秦王派遣大将王翦（jiǎn）强攻赵国。赵国名将李牧、司马尚等人死守，邯郸久攻不下。秦人略施小计，贿赂赵王近臣，诬告李牧、司马尚谋反，并予以处死；王翦一举攻破邯郸，俘虏了赵王。攻下赵国后，秦国在此设置了邯郸郡。

赵国倒下之后，很快就轮到了燕国。燕国也不傻，自然不能坐以待毙。于是乎，便发生了著名的“荆轲刺秦王”的故事。燕国太子丹派遣荆轲假借献地之名出使秦国，借机刺杀秦王。“风萧萧兮易水寒，壮士一去兮不复还”，秦王幸运地躲过了一劫，而荆轲惨死在秦国大殿之上。秦王恼羞成怒，集结大军全力攻打燕国，拔下燕国首都蓟城，斩获太子丹的首级。燕王逃到辽东去了，而秦国大将王翦也厌倦了打打杀杀，称病告老。

王翦退下来之后，秦国的统一车轮依然滚滚前行。虎父无犬子，王翦之子王贲（bēn）接过父亲的帅印攻打魏国首都大梁，水淹大梁城，魏国投降。战国时期最先称霸的魏国至此只剩下了传说，土地全归秦国所有。

接下来还有一个实力犹存的老对手，那便是楚国。起先，秦国派遣李信等人带领二十万大军攻击楚国，不料铩羽而归。无奈之下，秦王恳请老将王翦出山，让他带领六十万大军攻击楚国。六十万大军算得上秦国的全部家当了，此战只许胜利，不许失败。王翦老将不仅仗打得好，也深谙做人之道。他心里清楚，秦王不相信任何人，何况这次让他带领秦国的所有部队。因此，在出征之前，他向秦王索要了一处又一处田宅，这块地方给我，那块地方也给我。所有人都觉得王老将军疯了，财迷心窍，太过于贪婪了吧。只有秦王心里暗自高兴，如此便不用怀疑老将军的忠诚了。老将王翦果然不负重托，稳扎稳打，最终吞掉了楚国。楚国从诞生到灭亡存世八百年之久，如今和韩国一样，也只剩下那些传说故事了。

最后，就剩下在辽东苟延残喘的燕国和偏安一隅的齐国。王贲带领秦军先破燕国，然后挥师南下，顺势攻灭齐国。与此同时，王翦也在南方追剿残余势力，一一平定南方，灭了越国。短短十年之中，秦国便兼并了六国，创造了神话。但是若从秦襄公立国算起，这十年的胜利其实有着长达五百多年秦人的苦心经营。一代又一代老秦人的奠基功绩不容抹杀，秦王嬴政的统一功劳更是彪炳史册。唐代大诗人李白在诗中热情洋溢地写道：“秦王扫六合，虎视何雄哉！挥剑决浮云，诸侯尽西来……”诸侯割据的日子一去不返，一个前无古人的大一统王朝如红日一般冉冉升起。

大一统的国家体制

周天子不过称王罢了，比如周文王、武王、成王、康王等，王就是天子。

秦始皇统一天下之后，认为自己功盖千古，加上战国时期诸侯纷纷称王，所以王的头衔已不足以匹配他作为新天子的名号。古代有三皇五帝，不如称新天子为“皇帝”。“皇帝”从此成为天子的尊称，这种称谓一直延续了两千多年，至今早已是妇孺皆知了。嬴政自称“始皇帝”，憧憬着可以将秦国的江山传至万世，乃至于无穷。当然，想象总是非常美好的。实际上，秦朝仅仅存在十五年，是中国历史上最短命的王朝之一。

皇帝也得有个自称，好不容易打下了天下，自称什么好呢？“朕”本来是“我”的别称，一般人也可以使用，比如屈原在《离骚》里就说：“朕皇考曰伯庸。”到了秦统一天下之后，其他人不可再自称为“朕”，“朕”成为皇帝的专属自称。

在管理国家的模式上，秦朝之前主要有“分封制”和“郡县制”两种。分封制是商周以来就有的制度，将同姓子弟分封到各地做诸侯，帮助天子一同打理天下。分封制行之已久，都有一千多年的历史了。郡县制是战国以来新兴的管理制度，像魏国的西河郡、楚国的宛郡等，主要是中央直接派遣官吏到地方管辖，官职不许世袭。天下一统之后，在采取分封制还是郡县制的问题上，大臣们争论不休。按照分封制的历史惯性，秦始皇应该分封子嗣到外地做诸侯，拱卫天子；但是廷尉李斯认为断然不可，东周以来列国兼并，正是因为分封，天下才没有统一的意见。秦始皇深表赞同，认为“天下共苦战斗不休，以有侯王”，所以停止分封，在全天下范围内直接施行郡县制。所有的郡县守令由中央统一任命，不得世袭。秦国统一初期，将天下分为三十六个郡，郡下面有县、乡、里。从某种程度上来讲，我们今天的省、市、县、乡的行政区划不也依然受秦制影响吗？

在官制方面，秦国设立三公，也就是丞相、太尉和御史大夫。丞相是百官首脑，太尉是国防部长，御史大夫是丞相的副官，负责监察文武百官。此外，还有郎中令、卫尉、廷尉、少府、治粟内史、奉常、宗正、太仆等职位。这些制度都被汉朝继承，成了“三公九卿”制度。也有比较特殊的官职，比如博士主要负责图书管理，以及充当皇帝的智囊。

作为中国第一个大一统的帝国，秦国的版图范围非常庞大。东到辽东，西到甘肃，北抵长城，南达越南中北部。这么庞大的领土亘古未有，该如何治理呢？不同的地区使用的货币、语言、文字、度量等都不一样，交流起来极其不便。由于实现了统一，所以只有秦国有能力改变这一切。秦始皇下令“车同轨，书同文”，所有的车辆都按照统一的标准制作，天下人可以说不同的语言，但是必须使用统一的文字，这便是李斯发明的小篆。古文字的时代宣告结束，新兴的小篆成了那个时代最流行的文字。

秦国还统一了度量衡，发行全国通用的半两钱。不仅如此，为了应付北方的军事战争，秦始皇还下令修建直道。从首都咸阳到边疆九原郡，秦直道全长 800 多千米，平均宽度都在 20 米以上，最宽的地方都达到 60 米。这可以算作是中国历史上第一条高速公路了。为了防御匈奴，秦始皇还下令在北方的崇山峻岭上修建长城。时至今日，长城依然是中华民族最具代表性的标志之一。

秦始皇是法家学说打造起来的完美君主，在他的统治下，虽然有暴政，但是没有丞相擅权、没有宦官专权、没有外戚干政、没有女主乱朝、没有党争、没有屈辱的和亲；而且因为没有分封，所以也根本不存在诸侯反叛。天下大权牢牢把握在秦始皇一人之手。坏就坏在接班人的选任上，秦始皇没有事先安排好。结果，胡亥即位，歹毒有余，治国不足，根本没有威望与能力管理好偌大的一个帝国。

法家、术士与焚书坑儒

“焚书”和“坑儒”是两件事，本来并不相干，放到一起，不过是为了方便宣传秦始皇的罪行罢了。说起“焚书坑儒”，我们就不得不提到韩非子的法家学说。因为在法家看来，只有官吏、农民和战士对社会有用，其余的人，尤其是儒家、术士这些人都是社会的蠹虫，应该被清除掉。韩非子在《五蠹》篇中只是这么一说，真正让秦始皇将其变现的是韩非的同学李斯。

“焚书”一事的起因在于两个博士的掐架。博士周青臣等人盛赞秦始皇的功德，秦始皇听着也很受用；不料，另外一个博士淳于越却说，陛下现在不行分封制，而行郡县制，万一有什么动荡，王室连一个诸侯都没有，还指望谁来拯救国家呢？“事不师古而能长久者，非所闻也”，要知道分封制可是施行了一千多年呐！周青臣等人就知道阿谀奉承，不是忠臣。淳于越的进言让秦始皇很不高兴，但是也比较困惑，好像淳于越说得也有几分道理，难道郡县制错了吗？便下令大臣讨论。

郡县制是李斯当年做廷尉的时候谏言的，如今李斯已经是丞相了，肯定不容许别人指摘郡县制。如果一旦施行了分封制，那些分封的诸侯王会放过李斯吗？当初，不就是因为李斯的一番话，埋葬了他们称霸一方的梦想吗？老实说，博士之间的争论实在算不上什么大事。可是，李斯能做到丞相，肯定看出了其中的利害关系。于是乎，李斯丞相眉头一皱，计上心来，准备小题大做。

李斯坚定地认为：不但郡县制没有错，是大势所趋，而且现在社会上的反对意见太多了，到处都在非议新政权；长此以往，诽谤满街，蜚语漫天，大家结党营私，势必会威胁君主的权威；所以，一方面，我们秦朝应该坚持郡县制的路线方针不动摇，另一方面，对于《诗》《书》等诸子百家的书籍应当通通收缴，予以焚烧，只保留那些占卜、种树的有用书籍。秦始皇采纳了丞相的建议，焚烧诸子百家的经典书籍，让天下人从此只能在法令的约束下安分守己地过日子。

“焚书”是文明史上的一大灾难，无疑是极其野蛮的行径！通过焚书，李斯的丞相位置保住了，天下人的口被堵住了，众多价值连城的经典书卷却销毁在烈火之中。在今天看来，任何一卷先秦的典籍都能帮助我们了解先秦文明史，都可能价值连城，可秦始皇一把火便将百家之书几乎全部烧光。在当时，这种简单粗暴的做法虽一时钳制住了民众之口，却也加剧了人们内心对新政权的抵触。法令约束了一时，却约束不了一世。一旦有人揭竿而起，“焚书”便是秦政权的一大罪状。反观淳于越的言辞，也有几分道理。假如当年秦始皇分封诸侯，即便秦国都城咸阳被攻破，秦国也不至于立刻灭亡。其他的诸侯王依然可以延续秦政权，如此一来，历史可能就是另外一番模样了。

秦始皇无论再怎么雄才伟略，再怎么所向披靡，可还是有一个敌人，是他难以打败的，那就是死亡！功成名就之后，秦始皇汲汲于求仙问道，想要修得长生之术，向死亡宣战。一时间，天下方士云集咸阳皇宫。原来的齐鲁两国风气不同，鲁国多儒生，齐国多术士。估计是为了生存，儒生也好，方士也罢，都来到了咸阳谋生计。给皇帝炼丹制药并非易事，因为秦始皇喜怒无常。到了晚年，秦始皇变本加厉。

据史书记载，为了求得长生药与真人游，秦始皇便在咸阳的众多宫殿之中游走。有一次，他从巍峨的宫中俯瞰到丞相车驾太多。后来有人告诉了丞相，李斯便减少了车驾数量。秦始皇震怒之下，命令将当时在场的人，无论妃嫔、卫士、太监、宫女等一律处死。从此，再没人敢传递始皇帝的小话，天下大事也只听他一人裁决。

名义上都是法治，法家的法治主张和今天的以法治国却有本质区别。今天的法治，从国家元首到平民百姓都要接受法律的约束，但是在法家的主张中，君主权力几乎不受约束。所以，秦始皇可以暴虐成性，使得在他身边人人自危。

就在此时，有两个方士侯生和卢生批评了秦始皇“贪于权势至如此，未可为求仙药”，便逃跑了。这两个人的逃跑也实在算不得什么大事，只是批评了秦始皇，却让秦始皇勃然大怒。一怒之下，他下令查找胆敢诽谤皇帝的儒生、术士等人。廷尉府可是人间地狱，凡是被抓进去的儒生哪里禁得住严刑拷打，只能屈打成招，胡乱指认。就这样，因为侯生、卢生的逃跑和批评，直接导致了460多人被坑杀在咸阳城外。

此时，皇太子扶苏实在看不下去了，进言说，这些人都是读孔子书的，现在国家用严刑峻法对待他们，怕是天下人会不安的。听了太子的话，秦始皇更加愤怒，直接把扶苏发配到边疆去戍边了。连亲生儿子都不肯放过，天下人谁还敢再提什么反对意见？当所有的反对意见都不存在的时候，要么表示这个国家已经实现了传说中的太平盛世，上下一心，皆大欢喜；要么表示这个国家已经走向了灭亡的关口，只待有人放出第一把火。

“焚书”和“坑儒”都是对文明的破坏，是历史的倒退。不尊重经典书籍，不尊重知识分子，反而予以焚烧和坑杀，国家还有前途可言吗？

是圣？是魔？

说秦始皇是圣王，因为他确实建立了前无古人的伟大业绩。周平王东迁以后，就是混乱的春秋战国时期。当是时也，天下大乱，政局动荡，人自为政，生灵涂炭。兼并战争此起彼伏，百姓想要苟全性命尚且不能，哪里谈得上什么幸福的生活？只有统一，才能从根本上结束百姓的灾难。奋六世之余烈，秦始皇正是这五百多年分裂时代的终结者。从这一意义上来说，秦始皇顺应了历史的潮流。

开国之后，秦始皇领导秦朝建立了一系列的制度，对后世造成了极其深远的影响。统一的文字、统一的车辆、统一的度量衡、统一的货币，为百姓日常生活与交流省去了多少麻烦！统一了这些之后，“大一统”的观念也开始深入人心。

可惜秦始皇知道如何赢得天下，却不知道如何守住天下。

大修宫殿，广造秦陵，北筑长城，南征百越，每一个超级工程全都是建立在劳苦大众累累白骨的基础之上。仅仅修筑骊山皇陵一项，秦始皇就征用了 70 万人！本来以为天下统一了，人们从此可以过上幸福无忧的生活。哪里料到，百姓十之八九都成了秦始皇一人的奴隶，爱怎么征用便怎么征用，稍不留意，便被送进了监牢。煎熬至此，百姓哪有不造反的道理？

除了上面提到的军事、工程、刑罚之外，让秦始皇被骂得最多的就是“焚书坑儒”了。要知道，史书正是由读书人写的。如果说汉朝推翻秦朝便故意夸大秦朝的暴政，故而不可全信，那么，焚书坑儒便是秦始皇灭绝人性的罪状了。由于“焚书”，所以儒家的“五经”很大一部分都丧失了原来的模样，是极少数人冒着生命危险偷偷藏在墙缝里才保存下一部分。后来，儒家成为独尊的官方学说。试问，哪个读儒家经典的人不会骂秦始皇呢？再说“坑儒”之事，明明诽谤的只有侯生、卢生二人，结果秦始皇却把 460 多人全部活埋了，不许别人提反对意见，这不是暴政又是什么呢？后人将秦始皇妖魔化，也正是因为他确实做过惨绝人寰的事情。

儒家强调仁政，“仁者，爱人”，施行礼治，“道之以德，齐之以礼”，要尊奉民众的地位，“民为贵，社稷次之，君为轻”。可是，秦始皇作为法家学说的坚定奉行者，完全不信这一套。他不相信任何人，包括自己的儿子、妃嫔、大臣。只要自己开心，他想要为自己盖多少宫殿、修多大的陵墓都可以。在他看来，百姓无知，让他们老老实实地遵守法令就好了；天下是皇帝我一个人的私有产业，爱怎么折腾便怎么折腾。秦始皇确实开创了丰功伟绩，也让百姓对他十分畏惧，但是因为没有仁爱之德，他死后被骂了两千多年。

秦始皇恐怕做梦都没有想到，自己苦心打造起来的超级军团，后来在那些衣衫褴褛的农民起义军面前，居然不堪一击。一个空想中的万世帝国在他死后才三年，便烟消云散了。恶魔的力量看似不可战胜，但是在风起云涌的起义军面前，最终还是倒下了。

孟子说过：“君之视臣如手足，则臣视君如腹心；君之视臣如犬马，则臣视君如国人；君之视臣如土芥，则臣视君如寇仇。”秦始皇既然不把臣下的性命当回事，那么积怨只会越来越深，一旦到了临界点，火山爆发，他的政权自然难逃覆灭的命运。

小　结

在军旅中生活久了的人，很容易鄙视儒生，他们认为：“这些人要么是书呆子，要么是酸臭的腐儒，反正百无一用。打仗靠的是什么？军令严明，兵强马壮！养这些儒生还不是废物一群。国家统一了，自然还是要依着法令行事。这些儒生不识时务，还喜欢非议朝政，不如杀光了痛快。”就像商鞅、韩非子他们提倡的那样，国家只要有农民耕田，有战士打仗，有官吏从中协调，便可以强国。至于那些儒生、文士、说客、商人等，全是社会的寄生虫，理应被清除掉。秦始皇就是这么想的，也是这么做的。当然，秦国统一之后也就是因此迅速灭亡的。

知难行易，明白一个道理有时可比行动困难多了。灭秦之后，汉高祖刘邦依然偏信武将，对儒生持有天生的鄙视。和秦始皇一样，他面临着如何治理国家的头等大事。按照战时思维，当然还是要靠着将士和法令治国。但是，陆贾出现之后，一番话把他骂醒："居马上得之，宁可以马上治之乎……乡使秦已并天下，行仁义，法先圣，陛下安得而有之？"从此，汉朝开始亲近儒生，直到汉武帝独尊儒术，这才有了汉朝前后四百多年的基业。若是当年秦始皇能及时明白"马上得天下，不能马上治天下"的道理，与时俱进，完成转型，还至于二世而亡吗？然而，历史又不能假设。

柳诒徵先生说过："盖秦政称皇帝之年，实前此二千数百年之结局，亦为后此二千数百年之起点，不可谓非历史一大关键。"无论大家对秦始皇如何毁誉，谁也不能否认他在中华五千年文明史中的地位。从他身上，我们既看到了先民开疆拓土的拼搏精神，也领教了"仁义不施"的惨痛教训。

推荐阅读

阅读篇目：

《史记·秦本纪》《史记·秦始皇本纪》《史记·李斯列传》、章炳麟《秦政记》等。

阅读书籍：

1. 张分田：《历代帝王传记：秦始皇传》，北京：人民出版社，2015 年。

2. 郭志坤：《秦始皇大传》，上海：上海人民出版社，2013 年。

3. 顾颉刚：《秦汉的方士与儒生》，上海：上海古籍出版社，2005 年。

好书推荐

《建构华夏：图解中国古建筑》

柴虹　王安琪　孙蕾 / 著

260 张图详解中华古建筑

阐扬国故，复兴传统文化

权威通俗，四色精美印刷

《易经初解》

王子娇 / 著

好看又好懂的学《易》入门书

贯通经典，习得智慧。

《玉见：我的古玉收藏日记》

唐秋 / 著

石剑 / 摄影

享受一段与玉结缘的悦读时光，

遇见一种温润如玉的美好人生。

《与茶说》

半枝半影 / 著

茶入世情间，一壶得真趣。

这是一本关于茶的小书，

也是茶与中国人的对话。

《茶修》

王琼 / 著

借茶修为，以茶养德。
在一杯茶中构建生活的仪式感，
修成具有幸福能力的人。

《日本人的"真面目"》

卞毓方 / 著

华语写作日本文化第一书
热血青年必读爱国书

《唐朝的春风大雅》

栗子 / 著

唐诗就是一片世外桃源，
我们读唐诗，
其实就是缘溪行。

《宋朝的江山风月》

栗子 / 著

读宋词的过程就是亲近一棵大树的过程，
有树在，或者能在刹那间遇见古人，
或者能在微尘中显现大千。

《落花寻僧去》

林谷芳 / 著

禅者林谷芳的行脚记录

芒鞋踏破，何只在道人脚下，

江湖无限，何只在云水生涯。

《春深子规啼》

林谷芳 / 著

春花、夏鸟、秋枫、冬雪，

生命原可如此得其当下，尽其一生，

会不会得，就看你转不转身。

《诸相非相：画禅［二］》

林谷芳 / 著

24 篇讲禅也讲画的文章，

解读中国禅画家的境界，

日本禅画家的风光。

《禅　两刃相交》

林谷芳 / 著

以禅者立场直抒宗门风光，

直析禅门修行虚实，

直达禅的本质与核心。